KB007872

재미있게
어휘력을 키우는
한자성어
익힘장

씨마스

차례

중 家, 和, 萬, 事, 成

001

家 和 萬 事 成

집 가	화목하다 화	일만 만	일 사	이루다 성
家	和	萬	事	成
家	和	萬	事	成

뜻 집안이 화목하면 모든 일이 잘됨.

비슷한 말 필화득천의(必和得天意)

예 • 자녀를 인정하는 부모, 부모를 믿는 자식의 관계가 바람직한 家和萬事成의 모습이다.

• 웃는 집안에 행복이 가득하다는 것은 상식이다. '소문만복래(笑門萬福來), 家和萬事成이라는 말이 그냥 생긴 것이 아닐 것이다.

甘 言 利 說

달다 감　　　　말씀 언　　　이롭다 리→이　　　말씀 설

겉뜻 달콤한 말과 이로운 말.

속뜻 귀가 솔깃하도록 남의 비위를 맞추거나 이로운 조건을 내세워 꾀는 말.

비슷한 말 사탕발림, 속임수　　**반대말** 고언(苦言)

예　• 그는 온갖 협박과 甘言利說에도 절대 넘어가지 않았다.

　　　• 그는 떼돈을 벌어 주겠다는 甘言利說에 속아 장사 밑천을 떼이고 말았다.

중 感, 之, 德

感 之 德 之

느끼다 감 　　그것 지 　　덕 덕 　　그것 지

感	之	德	之
感	之	德	之

겉뜻 (그를) 감사하게 생각하고 (그를) 덕(德)으로 생각함.

속뜻 분에 넘치는 듯싶어 매우 고맙게 여기는 모양.

비슷한 말 감사(感謝), 고마움

예 • 뜻밖의 환대에 그는 感之德之 어쩔 줄을 몰랐다.

　　• 갈 곳 없는 처지에 눈비만 피할 수 있으면 感之德之가 아닌가?

004

甘 吞 苦 吐

달다 감   삼키다 탄   쓰다 고   토하다 토

甘	吞	苦	吐
甘	吞	苦	吐

겉뜻 달면 삼키고 쓰면 뱉음.

속뜻 자신의 비위에 따라서 사리의 옳고 그름을 판단함.

비슷한 말 토사구팽(兔死狗烹)

예 • 어떤 사람들은 甘吞苦吐하니, 함부로 믿어서는 안 된다.

• 정치인들이 보이는 甘吞苦吐의 자세에 실망이 이만저만 아니다.

중 改, 過, 善 고 遷

改 過 遷 善

고치다 개	허물 과	옮기다 천	착하다 선
改	過	遷	善
改	過	遷	善

겉뜻 허물을 고쳐 착하게 바뀜.

속뜻 지난날의 잘못이나 허물을 고쳐 올바르고 착하게 됨.

비슷한 말 회개(悔改)

예 • 온갖 말썽을 피우던 그가 지금은 봉사 활동을 하며 改過遷善의 길을 걷고 있다.

　　• '크리스마스 캐럴'의 스크루지 영감은 改過遷善하는 대표적인 인물이라 할 수 있다.

見 物 生 心

보다 견	물건 물	낳다 생	마음 심
見	物	生	心
見	物	生	心

뜻 어떠한 실물을 보게 되면 그것을 가지고 싶은 욕심이 생김.

비슷한 말 탐심(貪心), 탐욕(貪慾)

예 • 광고는 見物生心을 유도하는 측면이 많다.

　　• 見物生心이라고 많은 사람들이 물건에 마음의 자유를 빼앗기고 만다.

중 結, 者, 解, 之

結 者 解 之

묶다 결　　사람 자　　풀다 해　　그것(어조사) 지

結	者	解	之
結	者	解	之

겉뜻 맺은 사람이 풂.

속뜻 자기가 저지른 일은 자기가 해결함.

비슷한 말 맺은 놈이 풀지.

예 • 제가 이 사업을 시작했으니, 結者解之 차원에서 제가 수습하겠습니다.

　　• 갈등을 없애는 길은 結者解之의 원칙에 따라 갈등을 제공한 사람이 해결해야 한다.

結 草 報 恩

묶다 결　　　풀 초　　　갚다 보　　　은혜 은

結	草	報	恩
結	草	報	恩

겉뜻 풀을 묶어 은혜를 갚음.

속뜻 죽은 뒤에라도 은혜를 잊지 않고 갚음.

비슷한 말 각골난망(刻骨難忘), 백골난망(白骨難忘)

예　• 이 은혜는 꼭 잊지 않고 있다가 언젠가 반드시 結草報恩하겠습니다.

　　　• 제가 힘들었던 시기에 여러분들의 도움이 있었기에, 남은 삶을 結草報恩의 자세로 살아가려 합니다.

중 輕, 擧, 動   고 妄

輕擧妄動

가볍다 경   움직이다 거   망령되다 망   움직이다 동

輕	擧	妄	動
輕	擧	妄	動

겉뜻 가볍고 망령되이 움직임.

속뜻 경솔하여 생각 없이 망령되게 행동함. 또는 그런 행동.

비슷한 말 경망(輕妄)   **반대말** 심사숙고(深思熟考)

예 • 사람이 輕擧妄動하지 말고 매사에 조심해야 한다.

　　• 성격이 조급하고 화를 잘 내는 성격은 輕擧妄動으로 일을 망칠 수 있다.

苦 盡 甘 來

쓰다 고   다하다 진   달다 감   오다 래

겉뜻 쓴 것이 다하면 단 것이 옴.

속뜻 고생 끝에 즐거움이 옴.

비슷한 말 고생 끝에 낙이 있다.   **반대말** 흥진비래(興盡悲來)

예
• 苦盡甘來라더니, 이렇게 좋은 일도 있구나.
• 나는 힘든 일이 닥칠 때마다 苦盡甘來라는 말을 생각하며 어려움을 참아 내었다.

중 目, 相, 對

011

刮 目 相 對

비비다 괄	눈 목	서로 상	대하다 대
刮	目	相	對
刮	目	相	對

겉뜻 눈을 비비고 상대방을 대함.

속뜻 남의 학식이나 재주가 놀랄 만큼 부쩍 늚.

비슷한 말 일취월장(日就月將)

예
• 그는 피나는 노력의 결과 기타 연주 실력이 刮目相對하였다.
• 그분은 새로운 경영 방침을 통하여 생산성을 향상시킴으로써 刮目相對할 성과를 이루어 내었다.

九 死 一 生

아홉 구 　죽다 사 　하나 일 　살다 생

九	死	一	生
九	死	一	生

겉뜻 아홉 번 죽을 뻔하다 한 번 살아남.

속뜻 죽을 고비를 여러 차례 넘기고 겨우 살아남.

비슷한 말 십생구사(十生九死)

예
- 그는 비행기 사고에서 九死一生으로 살아남았다.
- 그는 치열한 전투에서 九死一生으로 간신히 목숨을 건지고 살아 돌아왔다.

013

群 鷄 一 鶴

무리 군	닭 계	하나 일	학 학
群	鷄	一	鶴
群	鷄	一	鶴

겉뜻 닭의 무리 가운데에서 한 마리의 학.

속뜻 많은 사람 가운데서 뛰어난 인물.

비슷한 말 백미(白眉), 압권(壓卷)

예
- 잘생긴 인물에 총명한 눈빛을 가진 그는 동료들 사이에서 단연 群鷄一鶴이었다.
- 젊은 나이에 사업에 성공한 그는 업계에서 단연 돋보이는 群鷄一鶴과도 같은 존재이다.

014

錦上添花

비단 금　　　위 상　　　더하다 첨　　　꽃 화

錦	上	添	花
錦	上	添	花

겉뜻 비단 위에 꽃을 더함. **속뜻** 좋은 일 위에 또 좋은 일이 더하여짐.

반대말 설상가상(雪上加霜)

예 • 이 재킷은 값도 싸고 따뜻하기까지 해서 錦上添花이다.

• 무용은 유연한 신체를 가진 학생에게 유리한데, 여기에 리듬 감각까지 갖추었다면 그야말로 錦上添花이다.

중 今, 始, 初, 聞

015

今 始 初 聞

이제 금   처음 시   처음 초   들다 문

今	始	初	聞
今	始	初	聞

뜻 바로 지금 처음으로 들음.

비슷한 말 전대미문(前代未聞), 미증유(未曾有)

예
- 그는 그녀와의 열애설에 대하여 今始初聞이라고 해명하였다.
- 그의 이야기에 친구는 今始初聞이라는 듯 고개를 갸우뚱하였다.

016

氣高萬丈

기운 기	높다 고	일만 만	길이 장

氣	高	萬	丈
氣	高	萬	丈

겉뜻 기운이 만 장만큼이나 높음.

속뜻 일이 뜻대로 잘될 때, 우쭐하여 뽐내는 기세가 대단함.

반대말 호기만장(豪氣萬丈), 득의양양(得意揚揚)

예 ・ 그는 어쩌다 한 번 이긴 것으로 氣高萬丈한 그들의 태도가 여간 아니꼽지 않았다.

　　・ 한두 번의 성공에 氣高萬丈하여서 지나치게 자신의 능력을 확신하는 것은 경계하여야 할 일이다.

중 內, 憂, 外, 患

017

內 憂 外 患

안 내   근심 우   바깥 외   근심 환

內	憂	外	患
內	憂	外	患

겉뜻 안에서 일어나는 근심과 바깥으로부터 받는 근심.

속뜻 나라 안팎의 여러 가지 어려움.

비슷한 말 다사다난(多事多難)   **반대말** 평온무사(平穩無事)

예 • 농민들은 계속되는 內憂外患에 대처하여 싸웠다.

• 그 나라는 백성들의 민란과 적군의 침입으로 內憂外患에 시달리고 있었다.

018

勞 心 焦 思

수고롭다 로→노   마음 심   애태우다 초   생각하다 사

勞	心	焦	思
勞	心	焦	思

겉뜻 마음을 수고롭게 하고 생각을 깊게 함.

속뜻 몹시 마음을 쓰며 애를 태움.

비슷한 말 심려(心慮), 애태움, 안절부절   **반대말** 안심(安心), 안도(安堵)

예 • 부모들은 늘 아이의 행동을 살피며 나쁜 일이 생길까 勞心焦思한다.

   • 이번 일로 얼마나 勞心焦思를 하였는지, 그녀는 입술이 다 부르트고 말았다.

중 多, 益, 善

019

多	多	益	善
많다 다	많다 다	더하다 익	좋다 선
多	多	益	善
多	多	益	善

뜻 많으면 많을수록 더욱 좋음.

반대말 과유불급(過猶不及)

예 • 전쟁 중에 무기는 多多益善이다.

• 아무리 多多益善이라고는 해도 무조건 욕심을 내는 건 곤란하다.

020

單 刀 直 入

홑 단	칼 도	곧다 직	들어가다 입
單	刀	直	入
單	刀	直	入

겉뜻 혼자서 칼 한 자루를 들고 적진으로 곧장 쳐들어감.

속뜻 여러 말을 늘어놓지 아니하고 바로 요점이나 본문제를 중심적으로 말함.

비슷한 말 일도양단(一刀兩斷)

예
- 앞의 사설을 빼고 單刀直入으로 말해 봐.
- 그가 그 사실에 대하여 單刀直入적으로 묻는 바람에 잠시 당황하였다.

중 大, 晩, 成   고 器

021

大 器 晩 成

크다 대   그릇 기   늦다 만   이루다 성

大	器	晩	成
大	器	晩	成

겉뜻 큰 그릇은 늦게 이루어짐.

속뜻 크게 될 사람은 늦게 이루어짐.

비슷한 말 갓 마흔에 첫 버선[보살], 사십에 첫 버선

예
- 그 배우는 오랜 무명 시절을 보내고 나이 마흔에 연기력을 인정받은 大器晩成의 전형이다.
- 운동선수 중에는 大器晩成형의 사람들도 많으므로 섣부르게 실력을 판단하기는 힘들다.

獨 不 將 軍

홀로 독   아니다 불   장수 장   군사 군

獨	不	將	軍
獨	不	將	軍

겉뜻 혼자서는 장군이 될 수 없음.

속뜻 무슨 일이든 자기 생각대로 혼자서 처리하는 사람.

비슷한 말 고집불통(固執不通), 유아독존(唯我獨尊)

예
- 그는 獨不將軍이라서 충고하여 줘 봐야 소용없다.
- 그 많던 친구들도 다 떠나고, 그는 이제 그야말로 獨不將軍이 되었다.

중 同, 苦, 樂

023

同 苦 同 樂

같다 동	쓰다 고	같다 동	즐겁다 락
同	苦	同	樂
同	苦	同	樂

뜻 괴로움도 즐거움도 함께함.

비슷한 말 사생동고(死生同苦)

예 • 그 성직자는 생활이 어려운 노동자들과 오랜 시간 同苦同樂을 해 왔다.
 • 이번 모임에는 지난 시절 同苦同樂했던 옛 동료들이 모두 모일 예정이다.

024

東 問 西 答

동쪽 동 　　묻다 문 　　서쪽 서 　　대답하다 답

東	問	西	答
東	問	西	答

겉뜻 동쪽을 물었는데, 서쪽을 대답함.

속뜻 물음과는 전혀 상관없는 엉뚱한 대답.

반대말 우문현답(愚問賢答)

예 • 그는 내가 물어보는 말에 처음부터 끝까지 東問西答으로 일관하였다.

　　• 집이 어디냐는 질문에 그 아이는 대답을 하기 싫었는지 하늘이 참 푸르다고 東問西答을 하였다.

1 다음 한자의 음과 뜻을 쓰시오.

(1) 萬 (음:　　, 뜻:　　　　　) 　　(2) 成 (음:　　, 뜻:　　　　　)

(3) 器 (음:　　, 뜻:　　　　　) 　　(4) 獨 (음:　　, 뜻:　　　　　)

2 다음 한자와 반대되는 뜻을 가진 한자를 쓰시오.

(1) 甘 ↔ (　　) 　　　(2) 結 ↔ (　　) 　　　(3) 問 ↔ (　　)

(4) 內 ↔ (　　) 　　　(5) 樂 ↔ (　　) 　　　(6) 生 ↔ (　　)

3 다음 성어의 겉뜻을 쓰시오.

(1) 甘言利說 (　　　　　　　　　　　　　　)

(2) 改過遷善 (　　　　　　　　　　　　　　)

(3) 今始初聞 (　　　　　　　　　　　　　　)

(4) 單刀直入 (　　　　　　　　　　　　　　)

(5) 勞心焦思 (　　　　　　　　　　　　　　)

(6) 獨不將軍 (　　　　　　　　　　　　　　)

4 다음 설명에 해당하는 한자를 찾으시오.

> 현주: 음은 '甘'과 같아.
> 혜련: 총획수는 '群'과 같아.
> 태환: '매우 고맙게 여기는 모양'을 나타내는 성어에 들어가는 한자야.

① 始 　　　　② 感 　　　　③ 患 　　　　④ 焦 　　　　⑤ 擧

5 다음 글에서 밑줄 친 성어의 음을 쓰시오.

(1)

> ○○○ 선수는 이날 단 하나만의 슈팅을 기록하였다. 하지만 그 하나의 슈팅으로 완벽하게 경기의 흐름을 바꾸면서 _群鷄一鶴_의 존재감을 제대로 과시하였다.

(   )

(2)

> 동대문역 근처의 장난감 골목에서 자녀와 함께 꼼꼼히 가격을 비교하던 부모는 "어떤 물건은 인터넷이 더 싼 경우도 있다. 그래도 이곳을 찾는 것은 직접 만져보고 확인할 수 있기 때문이다. _見物生心_이라고 처음 계획보다 항상 더 사게 된다."고 하였다. 어쨌건 이 골목의 남녀노소는 모두 즐겁게 실랑이를 벌이고 있다.

(   )

6 다음 설명에 해당하는 사자성어를 한자로 쓰시오.

(1) **겉뜻** 가볍고 망령되이 움직임.
   속뜻 경솔하여 생각 없이 망령되게 행동함. 또는 그런 행동.

(2) **겉뜻** 눈을 비비고 상대방을 대함.
   속뜻 남의 학식이나 재주가 놀랄 만큼 부쩍 늚.

(3) **겉뜻** 기운이 만 장만큼이나 높음.
   속뜻 일이 뜻대로 잘될 때, 우쭐하여 뽐내는 기세가 대단함.

확인 학습   **29**

중 同, 病, 相 고 憐

同 病 相 憐

같다 동　　　병 병　　　서로 상　　불쌍히 여기다 련

同	病	相	憐
同	病	相	憐

겉뜻 같은 병을 앓는 사람끼리 서로 불쌍히 여김.

속뜻 어려운 처지에 있는 사람끼리 서로 가엾게 여김.

비슷한 말 과부 설움은 홀아비가 안다.

예
- 그와 나는 과거에 같은 경험을 나누었다는 사실 때문에 同病相憐의 정을 느낀다.
- 同病相憐이라고 어려운 처지를 당해 보아야 남을 생각할 줄도 알게 되는 법이다.

燈 火 可 親

등불 등　　불 화　　가히 가　　친하다 친

燈	火	可	親
燈	火	可	親

겉뜻 등불을 가까이할 만함.

속뜻 서늘한 가을밤은 등불을 가까이 하여 글 읽기에 좋음.

비슷한 말 천고마비(天高馬肥)

예 ・더운 여름이 지나고 드디어 燈火可親의 계절이 왔다.

　　・가을을 燈火可親의 계절이라고 하지만, 요즘 책을 읽는 사람을 찾기란 쉽지 않다.

중 馬, 耳, 東, 風

027

馬耳東風

말 마　　　귀 이　　　동쪽 동　　　바람 풍

馬　　耳　　東　　風

馬　　耳　　東　　風

겉뜻 말 귀에 봄바람.

속뜻 남의 말을 귀담아듣지 아니하고 지나쳐 흘려버림.

비슷한 말 우이독경(牛耳讀經)

예
- 그에게는 나의 충고가 馬耳東風이었다.
- 그들은 내 말을 들은 체 만 체 馬耳東風으로 먼산만 쳐다보고 있었다.

莫 上 莫 下

없다 막　　　위 상　　　없다 막　　　아래 하

莫　　上　　莫　　下

莫　　上　　莫　　下

겉뜻 위도 없고 아래도 없음.

속뜻 더 낮고 더 못함의 차이가 거의 없음.

비슷한 말 난형난제(難兄難弟), 백중세(伯仲勢), 호각지세(互角之勢)

예 • 내 생각에는 두 사람 실력이 莫上莫下이다.

　　• 두 팀은 경기가 끝나기 전까지 승자를 예상할 수 없을 정도로 莫上莫下의 치열한 승부를 펼쳤다.

중 萬, 事, 通   고 亨

029

萬 事 亨 通

일만 만	일 사	형통하다 형	통하다 통
萬	事	亨	通
萬	事	亨	通

뜻 모든 것이 뜻대로 잘됨.

비슷한 말 만사여의(萬事如意), 탄탄대로(坦坦大路)

예 • 그가 하면 무슨 일이든 萬事亨通이다.

• 막강한 권력과 재산이 있다고 해서 모든 게 萬事亨通인 것은 아니다.

明 明 白 白

| 밝다 명 | 밝다 명 | 희다 백 | 희다 백 |

明	明	白	白
明	明	白	白

겉뜻 밝고도 밝고 희고도 흼.

속뜻 의심할 여지가 없이 아주 뚜렷함.

비슷한 말 명약관화(明若觀火), 명확(明確) **반대말** 애매모호(曖昧模糊)

예
- 이 문제를 하나도 남김없이 明明白白하게 밝히자.
- 그가 입을 열면서 사건의 진상이 明明白白하게 밝혀졌다.

중 目, 不, 識, 丁

031

目 不 識 丁

눈 목   아니다 불   알다 식   고무래 정

目	不	識	丁
目	不	識	丁

겉뜻 아주 간단한 글자인 '丁'자도 알아보지 못함.

속뜻 아주 까막눈임.

비슷한 말 일자무식(一字無識), 낫 놓고 기역자도 모른다.

예 • 그저 目不識丁을 면하였을 따름입니다.
　　 • 노부부는 자신들이 目不識丁인 것이 한이 되어서, 아들만은 공부를 시키기로 마음먹었다.

無 用 之 物

없다 무　　쓰다 용　　어조사 지　　물건 물

無	用	之	物
無	用	之	物

뜻 쓸모없는 물건이나 사람.

　　비슷한 말 하로동선(夏爐冬扇), 폐물(廢物), 꿩 떨어진 매　**반대말** 무용지용(無用之用)

예 • 컴퓨터는 소프트웨어가 없으면 無用之物이다.

　　• 감시용 카메라 대부분이 고장 난 상태로 방치되어 있어 無用之物이다.

중 無, 爲, 徒, 食

033

無 爲 徒 食

없다 무	하다 위	한갓 도	먹다 식
無	爲	徒	食
無	爲	徒	食

겉뜻 하는 일 없이 다만 먹기만 함.

속뜻 하는 일 없이 놀고먹음.

비슷한 말 유식(遊食)

예
• 직장을 그만둔 뒤로 그는 無爲徒食하며 세월을 보냈다.

• 요즘 대학을 졸업하고도 직장을 얻지 못하여 어쩔 수 없이 無爲徒食하는 사람들이 늘고 있다.

默 默 不 答

묵묵하다 묵	묵묵하다 묵	아니다 부	대답하다 답
默	默	不	答
默	默	不	答

겉뜻 묵묵히 아무 답하지 않음.

속뜻 잠자코 아무 대답도 하지 않음.

비슷한 말 묵묵무언(默默無言)

예
• 그녀는 사람들의 질문에도 默默不答인 채 고개만 숙이고 있었다.
• 방송사는 왜곡 보도에 대한 전화 항의에 默默不答으로 일관하고 있다.

중 聞, 一, 知, 十

035

聞 一 知 十

듣다 문   하나 일   알다 지   열 십

겉뜻 하나를 들으면 열을 앎.

속뜻 지극히 총명함.

비슷한 말 박학다식(博學多識)

예
- 그 아이는 정말 똑똑하여 聞一知十이라 할 수 있다.
- 어려운 문제도 척척 풀어내는 걸 보니 聞一知十의 경지에 이르렀구나.

門 前 成 市

문 문   앞 전   이루다 성   저자 시

겉뜻 문 앞이 시장을 이룸.

속뜻 찾아오는 사람이 많음.

비슷한 말 문정약시(門庭若市)

예 • 그 식당은 저렴한 가격과 맛깔스런 음식으로 점심시간이면 門前成市를 이룬다.

• 각 정당 지도부의 사무실은 공천을 받기 위하여 찾아오는 사람들로 일하여 날마다 門前成市다.

중 美, 風, 良, 俗

美 風 良 俗

아름답다 미	바람 풍	어질다 량→양	풍속 속
美	風	良	俗
美	風	良	俗

뜻 아름답고 좋은 풍속이나 기풍.

비슷한 말 양풍미속(良風美俗)

예 • 이번 행사는 전래의 美風良俗을 되살리기 위한 목적으로 열렸다.

• 이웃과 정을 나누는 것은 예로부터 이어져 내려오는 美風良俗이다.

038

背 恩 忘 德

등 배	은혜 은	잊다 망	덕 덕
背	恩	忘	德
背	恩	忘	德

겉뜻 은혜를 배신하고 베풀어준 덕을 잊음.

속뜻 남에게 입은 은덕을 저버리고 배신하는 태도가 있음.

반대말 결초보은(結草報恩)

예 • 우리 집안은 背恩忘德을 가장 나쁜 짓으로 여겨 왔다.

　　• 그 같은 背恩忘德을 저지르고서 다시 나를 찾아오다니 기가 찰 노릇이다.

중 白, 骨, 難, 忘

039

白 骨 難 忘

희다 백   뼈 골   어렵다 난   잊다 망

白	骨	難	忘
白	骨	難	忘

겉뜻 죽어서 백골이 되어도 잊을 수 없음.

속뜻 남에게 큰 은덕을 입었을 때의 고마움.

비슷한 말 각골난망(刻骨難忘)   **반대말** 배은망덕(背恩忘德)

예
- 성은을 입어 천벌을 면했사오니 그 은혜 白骨難忘이옵나이다.
- 목숨을 아끼지 않고 제 아들을 구해 주셨으니 이 은혜는 정말로 白骨難忘입니다.

百發百中

일백 백 　　　쏘다 발 　　　일백 백 　　　가운데 중

겉뜻 백 번 쏘아서 백 번 맞힘.

속뜻 총이나 활 등을 쏠 때마다 겨눈 곳에 다 맞음.

비슷한 말 명중(命中), 백무일실(百無一失), 일발필중(一發必中)

예 • 오랜 연습과 긴장된 정식력의 덕분인지 그의 사격은 百發百中이었다.

　　• 주몽은 어릴 때부터 百發百中의 활솜씨로 주위 사람들을 놀라게 하였다.

중 百, 戰, 老, 將

041

百 戰 老 將

일백 백	싸움 전	늙다 로→노	장수 장
百	戰	老	將
百	戰	老	將

겉뜻 수많은 전투를 치른 늙은 장수.

속뜻 온갖 어려운 일을 많이 겪은 노련한 사람.

비슷한 말 유연노장(幽燕老將), 백전노졸(百戰老卒)

예 • 증권 투자에 百戰老將이던 김 사장도 작년에는 많은 돈을 날렸다.

• 정 씨는 이 분야에서 20년 동안 산전수전(山戰水戰) 다 겪은 百戰老將이다.

父 傳 子 傳

아버지 부	전하다 전	아들 자	전하다 전
父	傳	子	傳
父	傳	子	傳

뜻 아들의 성격이나 생활 습관 등이 아버지로부터 대물림된 것처럼 같거나 비슷함.

비슷한 말 부자상전(父子相傳), 부전자승(父傳子承)

예 • 父傳子傳이라더니 아버지와 남동생은 노래를 무척 잘 한다.

• 父傳子傳이라더니 아들 녀석도 남편을 닮아 고집이 무척 세다.

043

附 和 雷 同

붙다 부 　　　 화하다 화 　　　 우레 뢰→뇌 　　　 한가지 동

附 　　　 和 　　　 雷 　　　 同

附 　　　 和 　　　 雷 　　　 同

겉뜻 우레 소리에 맞추어 함께 함.

속뜻 줏대 없이 남의 의견에 따라 움직임.

　비슷한 말 부화수행(附和隨行), 수중축대(隨衆逐隊)

예 ・잘 알지도 못하면서 함부로 附和雷同을 하지 마라.

　　・평소에는 친하지 않던 그들이 갑자기 서로 附和雷同하여 일을 꾸미기로 한 것이다.

044

不 問 曲 直

아니다 불	묻다 문	굽다 곡	곧다 직
不	問	曲	直
不	問	曲	直

뜻 옳고 그름을 묻지 아니함.

비슷한 말 불문곡절(不問曲折)

예 • 사실 여부를 不問曲直하고 화부터 내면 어떻게 합니까?

• 잘못을 했으면 不問曲直하고 사과부터 해야 하는 것이 당연하다.

중 不, 晝, 夜

045

不撤晝夜

아니다 불 　 거두다 철 　 낮 주 　 밤 야

不	撤	晝	夜
不	撤	晝	夜

겉뜻 밤낮을 가리지 않음.

속뜻 어떤 일에 몰두하여 조금도 쉴 사이 없이 밤낮을 가리지 아니함.

비슷한 말 주이계야(晝而繼夜), 야이계주(夜以繼晝)

예
• 부모는 不撤晝夜 자식 잘되기만을 바란다.
• 아주머니가 不撤晝夜로 좋다는 약을 찾아 백방으로 뛰어다닌 덕에 점차 그의 병세에 차도가 보였다.

046

非 一 非 再

아니다 비 　　하나 일 　　아니다 비 　　둘 재

非	一	非	再
非	一	非	再

겉뜻 하나도 아니고 둘도 아님.

속뜻 같은 현상이나 일이 한두 번이나 한둘이 아니고 많음.

비슷한 말 무수(無數), 허다(許多) 　**반대말** 희귀(稀貴)

예
• 인터넷 뉴스는 자극적인 제목으로 눈길을 끄는 경우가 非一非再하다.
• 그가 당한 것보다 더 심한 일이 도처에 非一非再로 있었으나 누구 하나 반항할 수 없었다.

047

四面楚歌

넷 사	방면 면	초나라 초	노래 가
四	面	楚	歌
四	面	楚	歌

겉뜻 사방의 초나라 노래.

속뜻 아무에게도 도움을 받지 못하는, 외롭고 곤란한 지경에 빠진 형편을 이르는 말.

비슷한 말 고립무원(孤立無援)

예 • 그는 부적절한 발언으로 四面楚歌에 처하였다.

• 성 밖에도 적, 성 안에도 적, 그야말로 四面楚歌였다.

048

事 事 件 件

일 사　　　　일 사　　　　사건 건　　　　사건 건

事　　　事　　　件　　　件

事　　　事　　　件　　　件

뜻 해당되는 모든 일마다. 매사에.

비슷한 말 매사(每事), 일일이

예 • 그는 나의 의견에는 事事件件 반대표를 던지는 대표적인 인물이다.

　　• 친구는 내가 하는 일에 事事件件 트집을 잡아 나를 짜증스럽게 한다.

확인 학습

1 한자의 음과 뜻을 쓰시오.

(1) 忘 (음:　　, 뜻:　　　　　)　　(2) 物 (음:　　, 뜻:　　　　　)

(3) 通 (음:　　, 뜻:　　　　　)　　(4) 楚 (음:　　, 뜻:　　　　　)

(5) 背 (음:　　, 뜻:　　　　　)　　(6) 撤 (음:　　, 뜻:　　　　　)

2 음, 뜻에 해당하는 한자를 쓰시오.

(1) 음: 묵, 뜻: 잠잠하다 (　　)　　(2) 음: 형, 뜻: 형통하다 (　　)

(3) 음: 도, 뜻: 무리, 다만 (　　)　　(4) 음: 전, 뜻: 전하다 (　　)

(5) 음: 부, 뜻: 붙다 (　　)　　(6) 음: 난, 뜻: 어렵다 (　　)

3 다음 성어의 속뜻을 쓰시오.

(1) 百戰老將 (　　　　　　　　　　)

(2) 百發百中 (　　　　　　　　　　)

(3) 事事件件 (　　　　　　　　　　)

(4) 明明白白 (　　　　　　　　　　)

(5) 非一非再 (　　　　　　　　　　)

(6) 不問曲直 (　　　　　　　　　　)

4 다음 설명에 해당하는 성어는?

> 해주: '아주 까막눈'을 나타내는 성어야.
> 성훈: 우리 속담 '낫 놓고 기역자도 모른다.'와 같은 말이야.

① 莫上莫下　　② 同病相憐　　③ 目不識丁

④ 美風良俗　　⑤ 無用之物

5 다음 글에서 밑줄 친 성어의 음을 쓰시오.

(1)

> 소방청에서는 화기 주변의 소화기 설치, 옥내외 소화전 가동 여부, 소방도로의 장애물 방치 등을 수시로 점검하고 즉시 시정할 수 있는 조치를 내려 시민들이 안전하고 편안한 동절기를 보낼 수 있도록 <u>不撤晝夜</u> 노력하고 있다.

(   )

(2)

> ○○과 □□□□는 중국시장에서 점유율 추락이라는 <u>同病相憐</u>을 겪고 있다. 그런데 □□□□는 △△△ 같은 중국 기업에 주요 스마트부품들을 공급하고 있기도 하다. "영원한 친구도 없고 적도 없다. 오로지 우리의 영원한 이해관계만 있을 뿐이다."라는 19세기 영국 정치가 파머스턴 경의 말은 요즘 글로벌 기업들에 딱 어울린다.

(   )

6 다음 설명에 해당하는 사자성어를 한자로 쓰시오.

(1) **겉뜻** 우레 소리에 맞추어 함께 함.

    속뜻 줏대 없이 남의 의견에 따라 움직임.

(2) **겉뜻** 말 귀에 봄바람.

    속뜻 남의 말을 귀담아듣지 아니하고 지나쳐 흘려버림.

(3) **겉뜻** 등불을 가까이할 만함.

    속뜻 서늘한 가을밤은 등불을 가까이 하여 글 읽기에 좋음.

중 四, 通, 八, 達

049

四 通 八 達

넷 사 　　통하다 통 　　여덟 팔 　　통달하다 달

四	通	八	達
四	通	八	達

겉뜻 사방으로 통하고 팔방으로 닿아 있음.

속뜻 도로나 교통망, 통신망 등이 이리저리 사방으로 통함.

비슷한 말 사통오달(四通五達)

예 • 이 도시는 四通八達의 교통 요지로 성장하기에 알맞다.

• 이 곳은 四通八達의 도로망이 잘 발달해 있어 서울 도심으로 접근하기 편리하다.

050

事 必 歸 正

일 사 　　　반드시 필 　　　돌아가다 귀 　　　바르다 정

事	必	歸	正
事	必	歸	正

뜻 모든 일은 반드시 바른길로 돌아감.

비슷한 말 인과응보(因果應報), 자업자득(自業自得), 종두득두(種豆得豆)

예 • 事必歸正이라더니, 과연 그렇군.

　　• 나는 오늘날까지 事必歸正의 신념 하나로 버티며 살아왔다네.

중 山, 水, 戰

051

山戰水戰

산 산	싸우다 전	물 수	싸우다 전
山	戰	水	戰
山	戰	水	戰

겉뜻 산에서도 싸우고 물에서도 싸움.

속뜻 세상의 온갖 고생과 어려움을 다 겪음.

비슷한 말 만고풍상(萬古風霜)

예 • 다들 그렇듯이 우리도 山戰水戰 다 겪으며 살아왔다.
• 그녀는 山戰水戰 다 겪은 베테랑답게 회사의 위기를 타개할 방책을 강구하고 있다.

山 海 珍 味

산 산 　　 바다 해 　　 보배 진 　　 맛 미

겉뜻 산과 바다에서 나는 귀하고 값진 음식.

속뜻 산과 바다에서 나는 온갖 진귀한 물건으로 차린, 맛이 좋은 음식.

비슷한 말 진수성찬(珍羞盛饌)

예 • 山海珍味가 눈앞에 있어도 이가 있어야 먹지.

　　• 부모님께서는 山海珍味를 차려 놓고 누나의 남편감을 기다렸다.

중 殺, 身, 成, 仁

053

殺 身 成 仁

죽이다 살   몸 신   이루다 성   어질다 인

殺	身	成	仁
殺	身	成	仁

뜻 자기의 몸을 희생하여 인(仁)을 이룸.

비슷한 말 살신입절(殺身立節), 사생취의(捨生取義)

예 • 난국 타개를 위하여 殺身成仁하는 자세로 모든 일에 임하여야 한다.

  • 殺身成仁의 투혼을 발휘하다 숨진 소방관의 영정 앞에서 시민들은 숙연해졌다.

054

三 顧 草 廬

| 셋 삼 | 돌아보다 고 | 풀 초 | 오두막집 려 |

	顧	草	廬
	顧	草	廬

겉뜻 오두막을 세 번 돌아봄.

속뜻 인재를 맞아들이기 위하여 참을성 있게 노력함.

비슷한 말 초려삼고(草廬三顧), 삼고지례(三顧之禮)

예 • 제작진은 三顧草廬를 하여 그녀의 출연 승낙을 받았다고 한다.

　• 회사의 미래를 위해서라면 三顧草廬라도 해서 그분을 모셔 와야만 합니다.

중 相, 扶, 助

055

相 扶 相 助

서로 상	돕다 부	서로 상	돕다 조
相	扶	相	助
相	扶	相	助

뜻 서로서로 도움.

비슷한 말 상애상조(相愛相助), 환난상구(患難相救)

예
- 相扶相助의 미덕을 발휘하여 불우이웃 돕기 행사에 참여합시다.
- 우리 민족은 相扶相助를 바탕으로 개인보다는 집단을 중시하였다.

056

桑田碧海

뽕나무 상　　밭 전　　푸르다 벽　　바다 해

桑	田	碧	海
桑	田	碧	海

겉뜻 뽕나무 밭이 변하여 푸른 바다가 됨.

속뜻 세상일의 변천이 심함.

비슷한 말 능곡지변(陵谷之變), 고안심곡(高岸深谷)

예 · 어린 시절 뛰놀던 고향은 桑田碧海라는 비유가 어울릴 만큼 크게 변하였다.

· 허허벌판이었던 곳에 주택이 빈틈없이 들어섰으니 桑田碧海가 따로 없구나.

중 之, 馬 고 塞, 翁

057

塞 翁 之 馬

변방 새   늙은이 옹   어조사 지   말 마

塞	翁	之	馬
塞	翁	之	馬

겉뜻 변방 노인의 말.

속뜻 인생의 길흉화복은 변화가 많아서 예측하기가 어려움.

비슷한 말 새옹득실(塞翁得失), 전화위복(轉禍爲福)

예
- 인간사는 塞翁之馬이다.
- 인간 만사 塞翁之馬라더니 이번 일이 이렇게 풀리는구나.

先見之明

먼저 선	보다 견	어조사 지	밝다 명
先	見	之	明
先	見	之	明

뜻 어떤 일이 일어나기 전에 미리 앞을 내다보고 아는 지혜.

비슷한 말 안목(眼目)

예 • 율곡 선생은 전쟁에 대한 先見之明이 있었기 때문에 강병설을 주장하였다.

• '지략'이란 통찰력과 先見之明을 통하여 어떤 일에나 유리하게 대응할 수 있는 능력이다.

善 男 善 女

착하다 선	남자 남	착하다 선	여자 녀
善	男	善	女
善	男	善	女

겉뜻 착한 남자와 착한 여자.

속뜻 착하고 어진 사람들.

비슷한 말 갑남을녀(甲男乙女), 장삼이사(張三李四)

예 ・진시황은 불로초를 찾으러 善男善女를 동쪽으로 보냈다.

・밖에 가득한 善男善女들이 한결같이 문수보살께 인연 얻기를 원하옵니다.

060

雪 上 加 霜

눈 설 　　　위 상 　　　더하다 가 　　　서리 상

雪	上	加	霜
雪	上	加	霜

겉뜻 눈 위에 서리를 더함.

속뜻 난처한 일이나 불행한 일이 잇따라 일어남.

비슷한 말 설상가설(雪上加雪), 엎친 데 덮친 격 　**반대말** 금상첨화(錦上添花)

예 • 시간도 없는데 雪上加霜으로 길까지 막혔다.

　• 경제난을 겪고 있는 그 나라는 雪上加霜으로 통치력 약화 현상도 보이고 있다.

중 說, 往, 來

061

說 往 說 來

말씀 설 　　가다 왕 　　말씀 설 　　오다 래

說	往	說	來
說	往	說	來

겉뜻 말이 갔다 왔다 함.

속뜻 서로 변론을 주고받으며 옥신각신함.

비슷한 말 언왕언래(言往言來), 말다툼, 입씨름

예
- 정치권에서는 개헌을 둘러싸고 說往說來가 한창이다.
- 아침부터 그들은 재개발 문제로 說往說來했지만 결국 결론을 내지 못하였다.

送 舊 迎 新

보내다 송 　 옛 구 　 맞이하다 영 　 새롭다 신

送	舊	迎	新
送	舊	迎	新

뜻 묵은해를 보내고 새해를 맞음.

비슷한 말 송영(送迎)

예
- 설날이 되면 送舊迎新의 의미로 연을 날려 보내는 풍습이 있다.
- 연말연시를 맞아 보내는 카드에는 대개 送舊迎新이라는 문구가 들어간다.

중 手, 觀 고 傍

袖手傍觀

소매 수 　　 손 수 　　 곁 방 　　 보다 관

袖	手	傍	觀
袖	手	傍	觀

겉뜻 소매에 손을 넣고 곁에서 보기만 함.

속뜻 간섭하거나 거들지 아니하고 그대로 버려둠.

비슷한 말 오불관언(吾不關焉) **반대말** 간섭(干涉)

예
• 정부는 기업의 합병에 대하여 袖手傍觀하는 자세를 취하고 있다.
• 사람들은 그 일에 대해서 더 이상 袖手傍觀만 하고 있을 수는 없었다.

064

是 是 非 非

옳다 시	옳다 시	아니다 비	아니다 비
是	是	非	非
是	是	非	非

겉뜻 옳은 것은 옳다 하고 그른 것은 그르다고 함.

속뜻 ① 여러 가지의 잘잘못 ② 옳고 그름을 따지며 다툼.

비슷한 말 왈가왈부(曰可曰否), 잘잘못

예 • 그들의 是是非非는 결국 주먹싸움으로 번졌다.

• 그는 애초부터 세상의 是是非非에서부터 벗어나 있는 사람처럼 보였다.

중 始, 終, 一 고 貫

065

始 終 一 貫

처음 시 끝 종 하나 일 꿰다 관

始	終	一	貫
始	終	一	貫

겉뜻 처음과 끝이 하나로 통함.

속뜻 일 등을 처음부터 끝까지 한결같이 함.

비슷한 말 수미일관(首尾一貫), 시종여일(始終如一) **반대말** 조변석개(朝變夕改)

예 • 화가 난 그는 始終一貫 말이 없었다.

• 그분은 始終一貫 단호한 태도로 우리들의 의견을 비판하였다.

066

識字憂患

알다 식	글자 자	근심 우	근심 환
識	字	憂	患
識	字	憂	患

겉뜻 글자를 아는 것이 근심임.

속뜻 학식이 있는 것이 오히려 근심을 사게 됨.

비슷한 말 아는 게 병 반대말 모르는 게 약

예 • 識字憂患이라더니, 대충 아는 치료법 때문에 오히려 병만 키웠다.

• 세상살이의 이치를 알아 갈수록 앞날이 더욱 걱정되니 이는 識字憂患이 아닌가.

중 深, 思, 考   고 熟

067

深 思 熟 考

깊다 심   생각하다 사   익히다 숙   생각하다 고

深	思	熟	考
深	思	熟	考

겉뜻 깊이 생각하고 오래도록 고찰함.

속뜻 깊이 잘 생각함.

비슷한 말 고려(考慮), 숙려(熟慮)

예 • 오랜 深思熟考 끝에 결정을 내렸다.

• 새로운 일을 시작하기 전에는 늘 深思熟考하여야 한다.

十 中 八 九

열 십   가운데 중   여덟 팔   아홉 구

겉뜻 열 중 여덟아홉임.

속뜻 열 가운데 여덟이나 아홉 정도로 거의 대부분이거나 거의 틀림없음.

비슷한 말 십상팔구(十常八九), 대부분(大部分)

예 • 우리 학급의 학생들은 十中八九가 아침을 거른다.

     • 아무 계획 없이 일을 시작하는 사람은 十中八九 실패할 확률이 높다.

중 我, 田, 引, 水

069

我 田 引 水

나 아　　　밭 전　　　끌다 인　　　물 수

我	田	引	水
我	田	引	水

겉뜻 내 논에 물 대기.

속뜻 자기에게만 이롭게 되도록 생각하거나 행동함.

반대말 역지사지(易地思之)

예 • 그 사안은 양측의 我田引水 격의 해석으로 전혀 상반된 평가가 내려졌다.

• 자기에게 불리할 때에만 원칙을 내세우는 그녀의 태도는 我田引水 그 자체였다.

安 分 知 足

편안하다 안   나누다 분   알다 지   족하다 족

겉뜻 분수에 편안해하고 만족함을 앎.

속뜻 편안한 마음으로 제 분수를 지키며 만족할 줄을 앎.

비슷한 말 안빈낙도(安貧樂道)

예 • 욕심을 버리고 安分知足을 하며 살고 있다.

• 긍정적인 마음의 그분을 보고 있노라면 安分知足이란 무엇인지 알 수 있을 것 같다.

중 安, 貧, 樂, 道

071

安 貧 樂 道

편안하다 안　　가난하다 빈　　즐겁다 락→낙　　길 도

安	貧	樂	道
安	貧	樂	道

겉뜻 가난함을 편안히 여기고 도를 즐거워 함.

속뜻 가난한 생활을 하면서도 편안한 마음으로 도를 즐겨 지킴.

비슷한 말 안분지족(安分知足)

예 • 그는 바쁜 도시 생활에서 벗어나 시골에서 安貧樂道하며 살고 있다.

　　• 그는 앞마당에 버드나무 다섯 그루를 심어 도연명의 安貧樂道를 본받고자 하였다.

眼 下 無 人

눈 안　　　아래 하　　　없다 무　　　사람 인

眼	下	無	人
眼	下	無	人

겉뜻 눈 아래 사람이 없음.

속뜻 방자하고 교만하여 다른 사람을 업신여김.

비슷한 말 안중무인(眼中無人), 오만무례(傲慢無禮)

예 ・그는 돈을 좀 벌더니 眼下無人이 되었다.

　　・조직의 책임자가 독단적이고 眼下無人인 경우에는 조직에 생기가 없다.

1 다음 한자의 음과 뜻을 쓰시오.

(1) 顧 (음: , 뜻:)　　(2) 戰 (음: , 뜻:)

(3) 珍 (음: , 뜻:)　　(4) 桑 (음: , 뜻:)

(5) 味 (음: , 뜻:)　　(6) 眼 (음: , 뜻:)

2 다음 한자와 반대되는 뜻을 가진 한자를 쓰시오.

(1) 始 ↔ (　　)　　　(2) 迎 ↔ (　　)　　　(3) 舊 ↔ (　　)

(4) 女 ↔ (　　)　　　(5) 往 ↔ (　　)　　　(6) 是 ↔ (　　)

3 다음 성어의 속뜻을 쓰시오.

(1) 事必歸正 (   )

(2) 相扶相助 (   )

(3) 四通八達 (   )

(4) 善男善女 (   )

(5) 十中八九 (   )

(6) 殺身成仁 (   )

4 다음 설명에 해당하는 성어는?

> 해주: '난처한 일이나 불행한 일이 잇따라 일어남'을 뜻하는 성어야.
> 성훈: '엎친 데 덮친 격.'과 같은 말이야.

① 說往說來　　　② 識字憂患　　　③ 安分知足

④ 塞翁之馬　　　⑤ 雪上加霜

5 다음 글의 밑줄 친 ㉠과 가장 잘 어울리는 성어는?

에페소스는 로마가 거대한 제국을 건설했던 시기에 번성했던 유명한 해양 도시였다. 그러나 ㉠지금은 거대한 원형 경기장을 비롯해서 대리석 기둥, 훌륭한 조각품의 잔재들만이 폐허로 변해 버린 도시 전체에 흩어져 있을 뿐이다. 이렇게 에페소스의 문명이 갑자기 몰락하게 된 원인은 무엇일까?

① 安貧樂道   ② 桑田碧海   ③ 是是非非

④ 識字憂患   ⑤ 山戰水戰

6 다음 설명에 해당하는 사자성어를 한자로 쓰시오.

(1) **겉뜻** 눈 아래 사람이 없음.

    속뜻 방자하고 교만하여 다른 사람을 업신여김.

(2) **겉뜻** 내 논에 물 대기.

    속뜻 자기에게만 이롭게 되도록 생각하거나 행동함.

(3) **겉뜻** 소매에 손을 넣고 곁에서 보기만 함.

    속뜻 간섭하거나 거들지 아니하고 그대로 버려둠.

(4) **겉뜻** 처음과 끝이 하나로 통함.

    속뜻 일 등을 처음부터 끝까지 한결같이 함.

중 愛, 之, 重

愛之重之

사랑 애	그것 지	중하다 중	그것 지
愛	之	重	之
愛	之	重	之

뜻 매우 사랑하고 소중히 여김.

비슷한 말 금이야 옥이야

예
- 그녀는 꽃을 愛之重之 정성을 다하여 가꾸었다.
- 동생은 새로 산 옷을 愛之重之하며 다른 사람은 만지지도 못하게 한다.

弱 肉 強 食

약하다 약　　　고기 육　　　강하다 강　　　먹다 식

弱	肉	強	食
弱	肉	強	食

겉뜻 약한 자의 고기는 강한 자가 먹음.

속뜻 강한 자가 약한 자를 희생시켜서 번영하거나, 약한 자가 강한 자에게 끝내는 멸망됨.

비슷한 말 적자생존(適者生存)　　**반대말** 공생(共生)

예
- 사람이 사는 세상에도 弱肉強食은 존재한다.
- 이 책은 전쟁의 발생 이유를 弱肉強食의 원리와 관련시켜 설명하고 있다.

중 漁, 父, 之, 利

075

漁父之利

고기 잡다 어　　아버지 부　　어조사 지　　이롭다 리

漁	父	之	利
漁	父	之	利

겉뜻 어부의 이익.

속뜻 두 사람이 이해관계로 서로 싸우는 사이에 엉뚱한 사람이 애쓰지 않고 가로챈 이익.

비슷한 말 방휼지쟁(蚌鷸之爭), 견토지쟁(犬兔之爭)

예 • 두 후보의 어리석음 때문에 당선 가능성이 없었던 다른 후보가 漁父之利를 얻었다.
　　• 농약의 유해성에 대한 인식이 퍼지면서 유기농 제품이 漁父之利로 인기를 끌고 있다.

語 不 成 說

말씀 어　　　아니다 불　　　이루다 성　　　말씀 설

語　不　成　說

語　不　成　說

겉뜻 말이 말을 이루지 아니함.

속뜻 말이 조금도 사리에 맞지 아니함.

비슷한 말 만불성설(萬 不 成 說)

예 • 인사에 불만을 품고 사표를 낸 사람이 해고라고 주장하는 것은 語不成說이다.

　　• 변화에는 시간이 필요한데 하루아침에 달라지리라 기대하는 것은 語不成說이다.

중 言, 行, 一, 致

077

言行一致

말씀 언	행하다 행	하나 일	이르다 치
言	行	一	致
言	行	一	致

겉뜻 말과 행동이 하나를 이룸.

속뜻 말한 대로 실행함.

비슷한 말 지행합일(知行合一) **반대말** 표리부동(表裏不同)

예 • 훌륭한 지도자는 言行一致의 모습으로 사람들의 신뢰를 얻어 낸다.

• 그는 言行一致를 추구하기 때문에, 한번 한 말에 대해서는 반드시 지키려고 애쓴다.

078

易 地 思 之

바꾸다 역	처지 지	생각 사	그것 지
易	地	思	之
易	地	思	之

뜻 처지를 바꾸어 생각함.

비슷한 말 역지개연(易地皆然) **반대말** 아전인수(我田引水)

예
- 두 사람이 易地思之로 상대편의 주장에 귀를 기울일 필요가 있다.
- 易地思之는 상대방을 이해하면서 인식과 가치관의 차이를 좁혀 준다.

중 五, 里, 中 고 霧

079

五里霧中

다섯 오　　거리 리　　안개 무　　가운데 중

五	里	霧	中
五	里	霧	中

겉뜻 오 리나 되는 짙은 안개 속에 있음.

속뜻 무슨 일에 대하여 방향이나 갈피를 잡을 수 없음.

비슷한 말 미궁(迷宮)

예 • 작년 말에 집을 나간 그의 행적은 아직까지 五里霧中이다.

• 사건의 피해자가 10여 명이나 되는데도 범인의 윤곽은 여전히 五里霧中이다.

080

寤寐不忘

잠 깨다 오	자다 매	아니다 불	잊다 망
寤	寐	不	忘
寤	寐	不	忘

겉뜻 자나 깨나 잊지 못함.

속뜻 누군가를 잊지 못하고 몹시 그리워함.

비슷한 말 미궁(迷宮)

예
- 그렇게도 寤寐不忘하던 그 사람을 만났다.
- 고향에 두고 온 가족을 寤寐不忘 그리워하다.

중 烏, 飛, 落 고 梨

烏飛梨落

까마귀 오   날다 비   배 리→이   떨어지다 락

烏	飛	梨	落
烏	飛	梨	落

겉뜻 까마귀가 날자 배가 떨어짐.

속뜻 아무 관계도 없이 한 일이 공교롭게도 때가 같아 억울하게 의심을 받거나 난처한 위치에 서게 됨.

예 • 烏飛梨落으로 하필 조카아이가 집을 나간 것이 어제여서 혐의를 둔 모양일세. – "녹두장군"
　• 절도 사건이 발생한 이후 烏飛梨落 격으로 당시 현장에 있던 김 씨가 용의자로 지목되었다.

烏 合 之 卒

까마귀 오　　합하다 합　　어조사 지　　군사 졸

烏	合	之	卒
烏	合	之	卒

겉뜻 까마귀를 모아 놓은 군대.

속뜻 임시로 모여들어서 규율이 없고 무질서한 병졸 또는 군중을 이르는 말.

비슷한 말 오합지중(烏合之衆)

예 • 아무리 강력한 군대도 지도자가 흔들리면 烏合之卒이 될 수밖에 없다.

• 그들은 군사적으로 烏合之卒에 불과하여 잘 훈련된 정부군에 지고 말았다.

중 臥 고 嘗

083

臥薪嘗膽

눕다 와   섶나무 신   맛보다 상   쓸개 담

臥	薪	嘗	膽
臥	薪	嘗	膽

겉뜻 섶나무에 눕고 쓸개를 맛봄.

속뜻 원수를 갚거나 마음먹은 일을 이루기 위하여 온갖 어려움과 괴로움을 참고 견딤.

비슷한 말 절치부심(切齒腐心)

예
• 우리 팀은 작년의 예선 탈락의 수모를 씻고자 臥薪嘗膽의 노력을 기울여 왔다.
• 10여 년의 臥薪嘗膽 끝에 그는 IT 업계에 도전장을 던져 재기의 발판을 마련하였다.

084

曰 可 曰 否

말하다 왈	옳다 가	말하다 왈	아니다 부

曰	可	曰	否
曰	合	曰	否

겉뜻 옳다고 말하고 그르다고 말함.

속뜻 어떤 일에 대하여 옳거니 옳지 아니하거니 하고 말함.

비슷한 말 왈가불가(曰可不可), 가타부타

예 • 이미 결정된 일을 가지고 曰可曰否할 필요는 없다.

• 참석자들은 오랜 시간 동안 曰可曰否만 하며 명확한 결정을 내리지 못하고 있었다.

중 外, 柔, 內   고 剛

085

外 柔 內 剛

바깥 외   부드럽다 유   안 내   굳세다 강

外	柔	內	剛
外	柔	內	剛

뜻 겉으로는 부드럽고 안으로는 굳셈.

비슷한 말 내강외유(內剛外柔)   반대말 외강내유(外剛內柔)

예 • 그녀는 여성스러운 섬세함과 굳건한 의지를 겸비한 外柔內剛의 소유자이다.
   • 그는 사람들 사이에서 특유의 친화력을 발휘하면서도 자신의 주장을 끝까지 관철시키는 外柔內剛의 인물이다.

086

搖之不動

흔들다 요　　그것 지　　아니다 부　　움직이다 동

搖	之	不	動
搖	之	不	動

겉뜻 흔들어도 움직이지 않음.

속뜻 자신의 뜻을 굽히지 않는 모습.

　　비슷한 말 철옹성(鐵甕城), 난공불락(難攻不落)

예 • 여러 사람이 흔들어 보았지만 그 나무는 搖之不動이었다.

　　• 주변 사람들이 아무리 설득하고 달랜들 그의 신념은 搖之不動이야.

중 右, 往, 左

087

右往左往

오른쪽 우 　　 가다 왕 　　 왼쪽 좌 　　 가다 왕

右	往	左	往
右	往	左	往

겉뜻 오른쪽으로 갔다 왼쪽으로 갔다 함.

속뜻 이리저리 왔다 갔다 하며 일이나 나아가는 방향을 종잡지 못함.

비슷한 말 좌왕우왕(左往右往), 갈팡질팡, 가리산지리산

예 • 비상벨이 울리자 건물 안 사람들은 右往左往하였다.

　　• 그들은 상대방이 右往左往하는 틈을 노려 기습 공격을 시도하였다.

088

優柔不斷

넉넉하다 우　　　부드럽다 유　　　아니다 부　　　끊다 단

優	柔	不	斷
優	柔	不	斷

겉뜻 너무 부드러워 끊지 못함.

속뜻 어물어물 망설이기만 하고 결단성이 없음.

비슷한 말 좌고우면(左顧右眄)　**반대말** 단도직입(單刀直入)

예
• 그의 優柔不斷 때문에 많은 사람들이 피해를 보았다.
• 부장이 優柔不斷해서 매사에 결정을 잘 내리지 못하니 결국 직원들이 피해를 본다.

중 牛, 耳, 讀, 經

089

牛耳讀經

소 우　　귀 이　　읽다 독　　글 경

牛	耳	讀	經
牛	耳	讀	經

겉뜻 쇠귀에 경 읽기.

속뜻 아무리 가르치고 일러 주어도 알아듣지 못함.

비슷한 말 우이송경(牛耳誦經), 대우탄금(對牛彈琴)

예 • 친구 고집이 워낙 세서 내가 아무리 말해도 牛耳讀經이다.

　　• 저희들의 주장을 牛耳讀經식으로 받아들이지 않았으면 합니다.

雨 後 竹 筍

비 우 　　　뒤 후 　　　대나무 죽 　　　죽순 순

雨	後	竹	筍
雨	後	竹	筍

겉뜻 비 온 뒤의 대나무 순.

속뜻 어떤 일이 한때에 많이 생겨남.

예 ・수돗물에 대한 불신이 일면서 생수 회사가 雨後竹筍으로 생겨나고 있다.

　　・이 거리는 젊은 층의 관심이 집중되면서 카페와 음식점들이 雨後竹筍처럼 생겼다.

중 有 , 口 , 無 , 言

091

有 口 無 言

있다 유 　입 구 　없다 무 　말씀 언

有	口	無	言
有	口	無	言

겉뜻 입은 있으나 말이 없음.

속뜻 변명할 말이 없거나 변명을 못 함.

예　• 나는 그의 잘못을 조목조목 따져 물었으나 그는 有口無言일 따름이었다.

　　　• 우리는 실력 면에서 완패했기에 그날 경기에 대해서는 有口無言일 수밖에 없었다.

092

有 名 無 實

있다 유　　　이름 명　　　없다 무　　　열매 실

有	名	無	實
有	名	無	實

뜻 이름은 있으나 실속은 없음.

비슷한 말 허명무실(虛名無實)　　**반대말** 명실상부(名實相符), 명불허전(名不虛傳)

예
• 농민에게서 양식을 싹 실어간 후 준다던 배급은 有名無實이었다.
• 만들어 놓고도 시행하지 않은 법령은 有名無實한 빈껍데기에 불과하다.

중 有, 備, 無, 患

093

有 備 無 患

있다 유　　　갖추다 비　　　없다 무　　　근심 환

有	備	無	患
有	備	無	患

겉뜻 갖춤이 있으면 근심이 없음.

속뜻 미리 준비가 되어 있으면 걱정할 것이 없음.

비슷한 말 거안사위(居安思危)　　**반대말** 망양보뢰(亡羊補牢), 사후약방문(死後藥方文)

예 • 위험은 언제나 준비하지 못해 나타나므로 有備無患의 자세가 필요하다.

• 만사가 다 有備無患이니 만약을 위해서 돈을 다 쓰지 않고 좀 남겨 두었다.

類類相從

무리 류→유	무리 류→유	서로 상	좇다 종
類	類	相	從
類	類	相	從

뜻 같은 무리끼리 서로 좇아서 사귐.

비슷한 말 초록동색(草綠同色)　**반대말** 상극(相剋)

예
- 類類相從이라고 하더니, 고만고만한 녀석들끼리 모였다.
- '類類相從'이라는 말이 있듯이, 취향과 가치관이 비슷한 사람끼리 어울리게 마련이다.

중 異, 口, 同, 聲

095

異 口 同 聲

다르다 이	입 구	같다 동	소리 성
異	口	同	聲
異	口	同	聲

겉뜻 입은 다르나 소리는 같음.

속뜻 여러 사람의 말이 한결같음.

비슷한 말 이구동음(異口同音), 여출일구(如出一口) **반대말** 불협화음(不協和音)

예 • 모든 사람이 그를 異口同聲으로 칭찬한다.

• 대부분의 사람들이 異口同聲으로 건강을 행복의 조건으로 꼽았다.

以 心 傳 心

써 이　　마음 심　　전하다 전　　마음 심

以	心	傳	心
以	心	傳	心

겉뜻 마음으로 마음을 전함.

속뜻 마음과 마음으로 서로 뜻이 통함.

비슷한 말 염화미소(拈華微笑), 교외별전(敎外別傳), 심심상인(心心相印)

예 • 우리는 以心傳心으로 모든 것이 잘 통한다.

　• 두 사람 사이에는 어느덧 以心傳心으로 우정이 싹트고 있었다.

1 다음 한자의 음과 뜻을 쓰시오.

(1) 嘗 (음:　　, 뜻:　　　　)   (2) 語 (음:　　, 뜻:　　　　　)

(3) 後 (음:　　, 뜻:　　　　)   (4) 梨 (음:　　, 뜻:　　　　　)

(5) 烏 (음:　　, 뜻:　　　　)   (6) 里 (음:　　, 뜻:　　　　　)

2 다음 보기에서 밑줄 친 '之'의 뜻이 같은 것끼리 짝지어진 것은?

> ㉠ 愛之重之 ㉡ 漁父之利 ㉢ 易地思之 ㉣ 烏合之卒 ㉤ 搖之不動

① ㉠, ㉡, ㉢   ② ㉠, ㉡, ㉣   ③ ㉠, ㉢, ㉣

④ ㉠, ㉢, ㉤   ⑤ ㉠, ㉣, ㉤

3 다음 성어의 뜻을 쓰시오.

(1) 有名無實 (　　　　　　　　　　　　　　)

(2) 愛之重之 (　　　　　　　　　　　　　　)

(3) 易地思之 (　　　　　　　　　　　　　　)

(4) 外柔內剛 (　　　　　　　　　　　　　　)

(5) 類類相從 (　　　　　　　　　　　　　　)

4 다음 설명에 해당하는 성어는?

> 해주: '아무리 가르치고 일러 주어도 알아듣지 못함'을 뜻하는 성어야.
> 성훈: 우리 속담 '쇠귀에 경 읽기'와 같은 말이야.

① 右往左往   ② 曰可曰否   ③ 異口同聲

④ 優柔不斷   ⑤ 牛耳讀經

5 다음 글에서 밑줄 친 성어의 음을 쓰시오.

(1)

> 최 회장은 학생들에게 시장의 무한경쟁과 <u>弱肉强食</u> 관점에서 벗어나 각 주체들과 긴밀히 협력하며 사회적 가치와 경제적 가치를 동시에 극대화할 수 있는 방안에 대해 고민해 달라고 주문하였다. 학생들은 최 회장과의 대화를 마친 후 "각자의 기업이나 창업 아이템이 추구하는 사회적 가치의 본질에 대해 고민하는 계기가 되었다."며 "진정성을 갖고 실천하는 사회적 기업가가 되도록 의지를 다지게 되었다."고 입을 모았다.
>
> – 뉴스 ○○○

(   )

(2)

> 트램은 친환경 교통수단으로 건설 비용은 저렴하지만 위험 요소가 많다. 경제성과 교통 편의성을 따지지 않고 <u>雨後竹筍</u> 격으로 건설한 경우 돈 먹는 하마가 된 경전철의 전철을 밟을 수 있다는 우려가 나오고 있다. 도로 보상비가 많이 들어가 트램 사업이 재정 부담으로 이어질 수도 있다.

(   )

6 다음 설명에 해당하는 사자성어를 한자로 쓰시오.

(1) **겉뜻** 자나 깨나 잊지 못함.

　　속뜻 누군가를 잊지 못하고 몹시 그리워함.

(2) 오 리나 되는 짙은 안개 속에 있음.

(3) 미리 준비가 되어 있으면 걱정할 것이 없음.

중 一, 口, 二, 言

097

一	口	二	言
하나 일	입 구	둘 이	말씀 언
一	口	二	言
一	口	二	言

겉뜻 한 입으로 두 말을 함.

속뜻 한 가지 일에 대하여 말을 이랬다저랬다 함.

비슷한 말 식언(食言), 일구양설(一口兩舌)

예 • 나는 목에 칼이 들어와도 一口二言은 하지 않습니다.

• 그는 一口二言을 밥 먹듯 하여 아무도 그를 믿지 않게 되었다.

一 石 二 鳥

하나 일	돌 석	둘 이	새 조
一	石	二	鳥
一	石	二	鳥

겉뜻 하나의 돌로 두 마리 새를 잡음.

속뜻 동시에 두 가지 이득을 봄.

비슷한 말 일거양득(一擧兩得)

예 • 여행을 하면서 관광도 하고 교육의 효과도 보았으니 一石二鳥가 아닌가?

• 향초를 피우면 은은한 향으로 집 안의 퀴퀴한 냄새도 없애 주어 一石二鳥다.

중 一, 場, 春 　 고 夢

一 場 春 夢

하나 일　　마다 장　　봄 춘　　꿈 몽

一	場	春	夢
一	場	春	夢

겉뜻 한바탕의 봄꿈.

속뜻 헛된 영화나 덧없는 일.

비슷한 말 백일몽(白日夢)　　반대말 영원불멸(永遠不滅)

예 • 우리는 막연하게 먼 미래의 꿈만 꾸다가 一場春夢으로 일생을 끝내는 경우가 많다.

• 인생이 一場春夢이라 즐거움이 얼마나 있으리오?

100

一 進 一 退

하나 일	나아가다 진	하나 일	물러나다 퇴
一	進	一	退
一	進	一	退

뜻 한 번 앞으로 나아갔다 한 번 뒤로 물러섰다 함.

비슷한 말 엎치락뒤치락

예 · 두 팀은 라이벌답게 一進一退를 거듭하다가 결국 승부를 가리지 못하였다.

· 양쪽은 우열을 가리지 못하고 一進一退를 거듭하고 있다.

중 一, 片, 丹, 心

一 片 丹 心

하나 일	조각 편	붉다 단	마음 심
一	片	丹	心
一	片	丹	心

겉뜻 한 조각의 붉은 마음.

속뜻 진심에서 우러나오는 변치 아니하는 마음.

비슷한 말 단심(丹心)

예 • 여러분의 조국을 향한 一片丹心은 헛되지 않았습니다.

• 개나리는 아무데나 꺾어서 꽂아도 살아나니 一片丹心이 없고 지조가 없다고 여겨진다.

臨 機 應 變

임하다 림→임   틀 기   응하다 응   변하다 변

뜻 그때그때 처한 사태에 맞추어 즉각 그 자리에서 결정하거나 처리함.

비슷한 말 고식지계(姑息之計), 미봉책(彌縫策), 임시변통(臨時變通), 방편(方便)

예 • 그녀는 臨機應變으로 위기를 넘겼다.

• 그는 상황에 맞추어 臨機應變하는 능력이 뛰어나다.

중 自, 業, 得

103

自 業 自 得

스스로 자	업 업	스스로 자	얻다 득
自	業	自	得
自	業	自	得

뜻 자기가 저지른 일의 결과를 자기가 받음.

비슷한 말 자승자박(自繩自縛)

예 • 실컷 놀다가 결국 성적이 이렇게 나왔으니 다 自業自得이다.

• 自業自得이다 싶으면서도 일순 가슴이 찡하도록 그 사람이 불쌍해졌다.

自 初 至 終

| 스스로 자 | 처음 초 | 이르다 지 | 마치다 종 |

自	初	至	終
自	初	至	終

뜻 처음부터 끝까지.

비슷한 말 전후수말(前後首末), 종두지미(從頭至尾)

예
- 도난품을 되찾게 된 自初至終은 대략 이러하였다.
- 그는 울면서 나에게 自初至終을 낱낱이 털어놓았다.

중 自, 暴 고 棄

105

自 暴 自 棄

스스로 자   사납다 포   스스로 자   버리다 기

自	暴	自	棄
自	暴	自	棄

겉뜻 스스로 포기하고 스스로 버림.

속뜻 절망에 빠져 자신을 스스로 포기하고 돌아보지 아니함.

비슷한 말 체념(滯念)

예 • 아무리 힘든 시련이 닥쳐도 自暴自棄해서는 안 된다.

• '될 대로 되라지.' 하는 自暴自棄의 감정에 그는 이 일을 포기하였다.

作 心 三 日

짓다 작　　　마음 심　　　셋 삼　　　날 일

作　　心　　三　　日

作　　心　　三　　日

겉뜻 단단히 먹은 마음이 사흘을 가지 못함.

속뜻 결심이 굳지 못함.

비슷한 말 유시무종(有始無終), 조변석개(朝變夕改)　　**반대말** 초지일관(初志一貫)

예 • 금연 선언을 하였으나 作心三日이었다.

　　• 다이어트를 한답시고 계획을 세웠지만, 作心三日로 끝나고 말았다.

중 反　고 賊, 荷

賊 反 荷 杖

도적 적　돌이키다 반　짊어지다 하　몽둥이 장

賊	反	荷	杖
賊	反	荷	杖

겉뜻 도둑이 도리어 매를 듦.

속뜻 잘못한 사람이 아무 잘못도 없는 사람을 나무람.

비슷한 말 주객전도(主客顚倒), 객반위주(客反爲主)

예
- 자기가 떠나 놓고서는 내가 떠난 거라니 賊反荷杖도 이만저만이 아니다.
- 피해 보상을 받아도 시원치 않을 판에 피해 보상을 하라니 한마디로 賊反荷杖이다.

前 無 後 無

| 앞 전 | 없다 무 | 뒤 후 | 없다 무 |

前	無	後	無
前	無	後	無

뜻 이전에도 없었고 앞으로도 없음.

비슷한 말 공전절후(空前絕後), 불세출(不世出), 신기원(新紀元)

예
• 올해 채소 가격의 오름세는 前無後無하다 할 정도로 급상승하였다.
• 그 학자의 연구는 역사에 길이 남을 前無後無의 업적이라 할 만하다.

중 戰

戰	戰	兢	兢
싸움 전	싸움 전	두려워하다 긍	두려워하다 긍
戰	戰	兢	兢
戰	戰	兢	兢

겉뜻 겁을 먹어 벌벌 떨고 두려워하며 몸을 움츠림.

속뜻 몹시 두려워서 벌벌 떨며 조심함.

비슷한 말 전긍(戰兢), 긍긍(兢兢)

예
- 아이가 조금이라도 아프면 부모는 戰戰兢兢하게 마련이다.
- 그는 이번에도 자신의 계획이 실패로 돌아갈까 봐 戰戰兢兢하고 있다.

轉禍爲福

구르다 전   재앙 화   되다 위   복 복

轉 禍 爲 福

轉 禍 爲 福

뜻 재앙이 바뀌어 복이 됨.

비슷한 말 새옹지마(塞翁之馬)   반대말 거익심조(去益深造)

예 • 그들은 현재의 어려움을 轉禍爲福의 계기로 삼았다.
• 이번 회담의 결과가 부담이 되기도 하지만 이를 轉禍爲福의 계기로 삼아야 할 것입니다.

중 鳥, 足, 之, 血

111

鳥足之血

새 조	발 족	어조사 지	피 혈
鳥	足	之	血
鳥	足	之	血

겉뜻 새 발의 피.

속뜻 매우 적은 분량.

비슷한 말 구우일모(九牛一毛), 창해일속(滄海一粟), 소량(少量)

예 • 아군의 피해는 적군의 피해에 비하면 鳥足之血에 불과하였다.

• 너는 손실을 봤다고 하지만, 내가 그동안 본 손실에 비하면 鳥足之血에 불과하다.

走 馬 看 山

| 달리다 주 | 말 마 | 보다 간 | 산 산 |

겉뜻 말을 타고 달리며 산을 봄.

속뜻 자세히 살피지 아니하고 대충대충 보고 지나감.

비슷한 말 수박 겉핥기

예
- 走馬看山으로 구경만 하고 오면 눈만 높아졌지 별수 있어요?
- 당일치기 여행 탓에 좋은 경치를 走馬看山으로 지나치면서 눈요기만 하고 돌아왔다.

중 竹, 馬, 故, 友

113

竹馬故友

대나무 죽	말 마	예 고	벗 우
竹	馬	故	友
竹	馬	故	友

겉뜻 대말을 타고 놀던 옛 벗.

속뜻 어릴 때부터 같이 놀며 자란 벗.

비슷한 말 죽마지우(竹馬之友), 십년지기(十年知己)

예 • 竹馬故友인 그 둘은 이제 식성까지 서로 닮아 간다.

• 친구는 자기 애인에게 나를 竹馬故友로 소개하였다.

衆 口 難 防

무리 중 입 구 어렵다 난 막다 방

衆	口	難	防
衆	口	難	防

겉뜻 뭇사람의 말을 막기가 어려움.

속뜻 막기 어려울 정도로 여럿이 마구 지껄임.

예 • 衆口難防으로 저마다 한마디씩 떠들어 대니 회의 진행이 안 된다.

• 일을 하다 보면 순서가 衆口難防 격이 되어 어디부터 손을 대야 할지 모를 때가 종종 생긴다.

중 至, 誠, 感, 天

115

至誠感天

지극하다 지   정성 성   느끼다 감   하늘 천

至	誠	感	天
至	誠	感	天

뜻 지극한 정성에 하늘도 감동함.

비슷한 말 난상가란(卵上加卵)

예
- 至誠感天이라고 오랫동안 연락이 끊겼던 친구의 연락처를 알아내었다.
- 至誠感天이라더니, 아버지의 병이 회복되다니 정말 너의 효성에 하늘도 감동한 모양이다.

116

進 退 兩 難

나아가다 진 　　물러나다 퇴 　　둘 량→양 　　어렵다 난

進	退	兩	難
進	退	兩	難

겉뜻 나아가기도 물러서기도 둘 다 어려움.

속뜻 이러지도 저러지도 못하는 어려운 처지.

　　비슷한 말 진퇴유곡(進退維谷), 궁지(窮地)

예 • 進退兩難의 상황이었지만 그는 배짱과 담력으로 어려움을 이겨내었다.

　　• 출근 시간은 늦었는데 신호등은 고장 나고 차들은 꽉 막혀 있으니 정말 進退兩難이다.

중 此, 日, 彼, 日

117

此 日 彼 日

이 차 　　　 날 일 　　　 저 피 　　　 날 일

此	日	彼	日
此	日	彼	日

겉뜻 이날 저 날.

속뜻 자꾸 기한을 미루는 모양.

비슷한 말 차월피월(此月彼月)

예
- 친구가 제대하였다는 소식은 벌써 들었지만 此日彼日 미루다가 오늘에야 만났다.
- 그는 바쁘다는 핑계로 병원에 가는 것을 此日彼日 미루다가 수술까지 하게 되었다.

千 辛 萬 苦

일천 천	맵다 신	일만 만	쓰다 고
千	辛	萬	苦
千	辛	萬	苦

겉뜻 천 가지 매운 것과 만 가지 쓴 것.

속뜻 온갖 어려운 고비를 다 겪으며 심하게 고생함.

비슷한 말 만고풍상(萬古風霜)

예 • A팀은 千辛萬苦 끝에 C팀에 승리를 거두었다.

• 우리는 해가 저물어 어둑한 산을 千辛萬苦 끝에 내려올 수 있었다.

중 天, 神, 助

119

天佑神助

하늘 천	돕다 우	신 신	돕다 조
天	佑	神	助
天	佑	神	助

뜻 하늘이 돕고 신이 도움.

예 • 가뭄의 고비를 天佑神助로 넘기다.
• 다시는 네 얼굴을 못 볼 줄 알았는데 天佑神助로 너를 다시 보니 이제는 죽어도 한이 없다.

120

千 載 一 遇

일천 천   싣다 재   하나 일   만나다 우

千	載	一	遇
千	載	一	遇

겉뜻 천 년 동안 단 한 번 만남.

속뜻 좀처럼 만나기 어려운 좋은 기회.

비슷한 말 천세일시(千歲一時), 천재일시(千載一時)

예 • 나는 시간이 지날수록 千載一遇의 기회를 놓친 것이 안타까울 뿐이다.

• 이 선생님과의 만남의 나의 존재를 널리 알릴 수 있는 千載一遇의 기회였다.

1 한자의 음과 뜻을 쓰시오.

(1) 場 (음: , 뜻:)   (2) 賊 (음: , 뜻:)

(3) 誠 (음: , 뜻:)   (4) 彼 (음: , 뜻:)

(5) 載 (음: , 뜻:)   (6) 兢 (음: , 뜻:)

2 음, 뜻에 해당하는 한자를 쓰시오.

(1) 음: 언, 뜻: 말씀 (   )   (2) 음: 형, 뜻: 형통하다 (   )

(3) 음: 몽, 뜻: 꿈 (   )   (4) 음: 혈, 뜻: 피   (   )

3 다음 성어의 속뜻을 쓰시오.

(1) 一進一退 (   )

(2) 臨機應變 (   )

(3) 自業自得 (   )

(4) 前無後無 (   )

(5) 轉禍爲福 (   )

(6) 天佑神助 (   )

4 다음 중 설명이 맞는 것은?

自初至終 自暴自棄 戰戰兢兢 走馬看山
  ①   ②③   ④   ⑤

① '自'의 뜻은 '~(로)부터'이다.

② '暴'의 음은 '폭'이다.

③ '自'의 뜻은 ①과 같다.

④ '戰戰'은 '매우 사납게 싸움'이라는 뜻이다.

⑤ '走馬看山'의 뜻은 '매우 자세하게 살핌'이라는 뜻이다.

5 다음 글의 밑줄 친 ㉠과 가장 잘 어울리는 성어는?

> 내가 조회(朝會)에 사용할 아악을 창제하고자 하는데, 예로부터 법을 세우고 창제하는 것은 어려운 일이다. 어떤 때는 임금이 하고자 하는 바를 신하가 저지하기도 하고, 어떤 때는 신하가 하고자 하는 바를 임금이 듣지 아니하기도 한다. ㉠위와 아래에서 모두 하고자 하여도 시운(時運)이 불리한 때도 있는데, 지금은 나의 뜻이 먼저 정해지고 또 국가에도 별다른 일이 없는 좋은 기회이니 최선을 다해 이 일을 이루도록 하라.

① 天佑神助 　② 自業自得 　③ 一口二言
④ 千載一遇 　⑤ 作心三日

6 다음 뜻에 해당하는 사자성어를 한자로 쓰시오.

(1) **겉뜻** 한 조각의 붉은 마음.
　　속뜻 진심에서 우러나오는 변치 아니하는 마음.

(2) **겉뜻** 한바탕의 봄꿈.
　　속뜻 헛된 영화나 덧없는 일.

(3) 지극한 정성에 하늘도 감동함.

(4) **겉뜻** 도둑이 도리어 매를 듦.
　　속뜻 잘못한 사람이 아무 잘못도 없는 사람을 나무람.

중 青, 山, 流, 水

121

青 山 流 水

푸르다 청   산 산   흐르다 류→유   물 수

青   山   流   水

青   山   流   水

겉뜻 푸른 산에 흐르는 맑은 물.

속뜻 막힘없이 썩 잘하는 말.

예 • 그는 말은 青山流水지만, 행동하는 것을 보면 굼벵이가 따로 없다.

• 이 선배는 워낙 말주변이 좋은 데다가 술까지 거나하게 마신 후라 말이 정말 青山流水였다.

青 出 於 藍

푸르다 청 　 나오다 출 　 어조사 어 　 쪽빛 람

青	出	於	藍
青	出	於	藍

겉뜻 푸른색은 쪽에서 나옴.

속뜻 제자나 후배가 스승이나 선배보다 나음.

비슷한 말 청람(靑藍), 후생각고(後生角高)

예 • 靑出於藍이라더니, 이젠 네 글솜씨가 이 선생보다 낫구나.

　• 함천의 거문고는 조부의 계적으로 靑出於藍이라는 정평이 있었다.　　　　　　－ "임꺽정"

123

初 志 一 貫

처음 초	뜻 지	하나 일	꿰다 관
初	志	一	貫
初	志	一	貫

겉뜻 처음 뜻을 하나로 꿰.

속뜻 처음에 세운 뜻을 끝까지 밀고 나감.

비슷한 말 수미일관(首尾一貫), 시종여일(始終如一)　　**반대말** 작심삼일(作心三日)

예 • 신념 하나로 初志一貫 산다는 게 어디 쉬운 일입니까.

　　• 물이 쉬지 않고 흐르듯, 初志一貫 쉬지 않고 공부하다.

七顚八起

일곱 칠	넘어지다 전	여덟 팔	일어나다 기
七	顚	八	起
七	顚	八	起

겉뜻 일곱 번 넘어지고 여덟 번 일어남.

속뜻 여러 번 실패하여도 굴하지 아니하고 꾸준히 노력함.

비슷한 말 칠전팔도(七顚八倒), 백절불굴(百折不屈)

예 ・ 그는 이 일에서 七顚八起하여 결국 성공하였다.

・ 우리 민족은 오랜 고난 속에서도 七顚八起의 정신으로 꿋꿋하게 민족정기를 이어 왔다.

중 他, 山, 之, 石

125

他山之石

다르다 타	산 산	어조사 지	돌 석
他	山	之	石
他	山	之	石

겉뜻 다른 산의 돌.

속뜻 잘못된 남의 말이나 행동도 자신을 수양하는 데에 도움이 될 수 있음.

예 • 선희는 지혜의 행동을 他山之石 삼아 자신은 절대 그러지 않겠다고 결심하였다.
　　• 어머니는 지난 일을 他山之石으로 이와 똑같은 실수가 다시는 없어야 한다고 말씀하셨다.

卓上空論

탁자 탁	위 상	비다 공	논하다 론
卓	上	空	論
卓	上	空	論

겉뜻 탁자 위에서 나누는 헛된 의논.

속뜻 현실성이 없는 허황한 이론이나 논의.

비슷한 말 궤상공론(机上空論)

예 • 그 논의는 卓上空論에 지나지 않는다.

　　• 卓上空論만 하지 말고 현실적 방안을 모색하여 보자.

중 泰, 然, 自, 若

127

泰 然 自 若

크다 태　　그러하다 연　　스스로 자　　같다 약

泰	然	自	若
泰	然	自	若

겉뜻 편안하여 처음과 같음.

속뜻 마음에 어떠한 충동을 받아도 움직임이 없이 천연스러움.

비슷한 말 안연자약(晏然自若), 담소자약(談笑自若)

예 • 그녀는 泰然自若을 가장하기는 했어도 마음은 떨리고 있었다.

• 그는 평소와 다름없이 泰然自若한 태도로 묵묵하게 일만 하고 있었다.

兔死狗烹

토끼 토   죽다 사   개 구   삶다 팽

兔	死	狗	烹
兔	死	狗	烹

겉뜻 토끼가 죽으면 개를 삶음.

속뜻 필요할 때는 쓰고 필요 없을 때는 야박하게 버림.

비슷한 말 감탄고토(甘呑苦吐)

예 • 평생 일한 직장에서 兔死狗烹을 당하였다.

• 감독은 팀을 강등 위기에서 구했음에도 불구하고 兔死狗烹 당하였다.

중 破, 竹, 之, 勢

破 竹 之 勢

깨뜨리다 파   대나무 죽   어조사 지   기세 세

破	竹	之	勢
破	竹	之	勢

겉뜻 대를 쪼개는 기세.

속뜻 적을 거침없이 물리치고 쳐들어가는 기세.

비슷한 말 세여파죽(勢如破竹)   **반대말** 지리멸렬(支離滅裂)

예 • 우리나라 축구 대표팀은 破竹之勢로 결승전까지 진출하였다.

  • 연합군은 破竹之勢로 도성으로 진격하여 70여 개 성을 함락시켰다.

130

八方美人

여덟 팔　　　방위 방　　　아름답다 미　　　사람 인

겉뜻 어느 모로 보나 아름다운 사람.

속뜻 여러 방면에 능통한 사람.

비슷한 말 재주꾼

예
· 그는 예술이라면 못하는 게 없는 八方美人이다.
· 공부면 공부, 노래면 노래, 운동이면 운동, 그는 정말 못하는 게 없는 八方美人이다.

131

表 裏 不 同

겉 표　　　속 리　　　아니다 부　　　같다 동

表	裏	不	同
表	裏	不	同

겉뜻 겉과 속이 같지 않음.

속뜻 겉으로 드러나는 언행과 속으로 가지는 생각이 다름.

비슷한 말 양두구육(羊頭狗肉), 구밀복검(口蜜腹劍)　**반대말** 표리일체(表裏一體)

예 • 그는 表裏不同한 사람으로 소문이 자자하다.

• 국민들은 금품 수수 의혹 공무원들의 表裏不同한 태도에 분노하였다.

風前燈火

바람 풍	앞 전	등불 등	불 화
風	前	燈	火
風	前	燈	火

겉뜻 바람 앞의 등불.

속뜻 사물이 매우 위태로운 처지에 놓여 있음.

비슷한 말 누란지위(累卵之危), 백척간두(百尺竿頭)

예 • 인간은 정녕 자연의 불가항력을 이겨 내지 못하는 風前燈火와 같은 존재인가.

• 구한말 열강들의 야욕 속에 둘러싸인 조선은 風前燈火와 같은 위기에 처해 있었다.

중 首, 苦, 待   고 鶴

133

鶴首苦待

학 학   머리 수   괴롭다 고   기다리다 대

뜻 학의 목처럼 목을 길게 빼고 간절히 기다림.

비슷한 말 학수(鶴首)

예 • 국민들은 우리나라 선수단의 승전보를 鶴首苦待하였다.
  • 사람들은 그들이 무사히 귀환하기만을 鶴首苦待하고 있었다.

134

虛 張 聲 勢

비다 허	베풀다 장	소리 성	기세 세
虛	張	聲	勢
虛	張	聲	勢

겉뜻 헛되이 목소리의 기세만 높임.

속뜻 실속은 없으면서 큰소리치거나 허세를 부림.

비슷한 말 언과기실(言過其實)

예 • 내 말이 虛張聲勢인지 아닌지는 두고 보면 알 일이다.

• 이 분야에 대해서는 모르는 게 없다던 그의 말은 虛張聲勢였다.

중 單, 身

135

子子單身

외롭다 혈	외롭다 혈	홀 단	몸 신
子	子	單	身
子	子	單	身

뜻 의지할 곳이 없는 외로운 홀몸.

비슷한 말 고독단신(孤獨單身), 무의무탁(無依無托)

예
- 그녀는 일가친척이라고는 하나도 없는 子子單身이다.
- 조 회장은 6·25 전쟁 당시 子子單身으로 부산에 내려와 사업체를 일구어 낸 인물로 유명하다.

136

螢雪之功

반딧불이 형   눈 설   어조사 지   공 공

螢	雪	之	功
螢	雪	之	功

겉뜻 반딧불이와 눈의 공.

속뜻 고생을 하면서 부지런하고 꾸준하게 공부하는 자세.

비슷한 말 주경야독(晝耕夜讀)

예 • 그녀는 螢雪之功으로 공부에 매진하였다.

    • 그는 어려운 형편 때문에 직장에 다니면서도 螢雪之功으로 공부하여 대학까지 마쳤다.

중 口,之 고 策

糊 口 之 策

풀호　　입구　　어조사 지　　꾀하다 책

糊	口	之	策
糊	口	之	策

겉뜻 입에 풀칠할 계책.

속뜻 가난한 살림에서 그저 겨우 먹고 살아가는 방책.

비슷한 말 구식지계(口食之計), 생계(生計)

예 • 그는 지금 받고 있는 월급은 糊口之策에 불과할 뿐이라고 생각한다.

• 그는 사업을 하던 사람이었지만 지금은 목수일로 糊口之策을 삼는 처지가 되었다.

豪言壯談

뛰어나다 호　　　말씀 언　　　씩씩하다 장　　　말씀 담

豪	言	壯	談
豪	言	壯	談

겉뜻 뛰어난 말과 씩씩한 말.

속뜻 호기롭고 자신 있게 하는 말.

예
- 감독은 이번 경기를 쉽게 이길 수 있다고 豪言壯談한다.
- 그는 이번 협상에서 절대로 지지 않을 것이라고 豪言壯談을 하였다.

중 然, 之, 氣 고 浩

浩然之氣

넓다 호   그러하다 연   어조사 지   기운 기

浩	然	之	氣
浩	然	之	氣

겉뜻 넓고 큰 기운.

속뜻 하늘과 땅 사이에 가득 찬 넓고 큰 원기.

비슷한 말 호기(浩氣)

예 • 산 정상에서 아래를 내려다보니 浩然之氣가 따로 없다.
　　• 그들은 산수가 뛰어난 곳에서 마음껏 즐기며 浩然之氣를 길렀다.

呼兄呼弟

부르다 호	형 형	부르다 호	아우 제
呼	兄	呼	弟
呼	兄	呼	弟

겉뜻 형이라고 부르고 아우라고 부름.

속뜻 매우 가까운 친구로 지냄.

비슷한 말 왈형왈제(曰兄曰弟)

예
- 우리는 어릴 때부터 呼兄呼弟하며 친형제보다 더 가깝게 지내었다.
- 김 선생님은 그분과 평소에 呼兄呼弟하며 지낼 만큼 친분이 두텁다.

중 畫 고 龍, 點

141

畫龍點睛

그림 화　　　용 룡　　　점 점　　　눈동자 정

畫	龍	點	睛
畫	龍	點	睛

겉뜻 용을 그리고 눈동자를 찍음.

속뜻 무슨 일을 하는 데에 가장 중요한 부분을 완성함.

비슷한 말 점정(點睛)

예 • 畫龍點睛이라고 문장의 가장 중요한 대목에서 단어 하나가 실로 큰 작용을 한다.

　　• 마무리를 잘 하는 것은 지금까지 쌓아 온 공든 탑을 완성하는 마지막 畫龍點睛의 과정이다.

畫中之餅

그림 화　　가운데 중　　어조사 지　　떡 병

畫	中	之	餅
畫	中	之	餅

겉뜻 그림 속의 떡.

속뜻 아무리 마음에 들어도 이용할 수 없거나 차지할 수 없음.

비슷한 말 경중미인(鏡中美人), 그림의 떡

예
- 경제 사정이 넉넉지 않은 서민들에게 내 집 마련은 畫中之餅일 수밖에 없다.
- 그 사람도 너를 좋게 생각한다 해도 우리 처지로서는 畫中之餅이지 무슨 소용 있겠니.

중 骨 고 換奪

換骨奪胎

바꾸다 환 　　　 뼈 골 　　　 빼앗다 탈 　　　 아이 배다 태

換	骨	奪	胎
換	骨	奪	胎

겉뜻 뼈를 바꾸고 태를 벗음.

속뜻 사람이 더 나은 방향으로 변하여 전혀 딴사람처럼 됨.

비슷한 말 귤화위지(橘化爲枳)

예
- 공기업들도 換骨奪胎의 변화를 하지 않을 수 없다.
- 換骨奪胎라고 하지만 사람이 달라져도 이렇게 달라질 수 있는 것인지 놀라울 뿐이다.

興 盡 悲 來

흥하다 흥	다하다 진	슬프다 비	오다 래
興	盡	悲	來
興	盡	悲	來

겉뜻 즐거움이 다하면 슬픔이 옴.

속뜻 세상일은 순환되는 것임.

반대말 고진감래(苦盡甘來)

예 • 젊어 고생은 사서도 한다더니 고진감래(苦盡甘來)라 했나? 옆을 보니 興盡悲來가 따라온다.

• 그는 "즐거운 일이 다하면 슬픈 일이 닥쳐온다."고 興盡悲來라 노래했다.

1 한자의 음과 뜻을 쓰시오.

(1) 美 (음: , 뜻:)   (2) 泰 (음: , 뜻:)

(3) 裏 (음: , 뜻:)   (4) 燈 (음: , 뜻:)

(5) 張 (음: , 뜻:)   (6) 弟 (음: , 뜻:)

2 성어의 음을 쓰시오.

(1) 換骨奪胎 (   )   (2) 畫龍點睛 (   )

(3) 興盡悲來 (   )   (4) 破竹之勢 (   )

(5) 八方美人 (   )   (6) 青出於藍 (   )

3 다음 성어의 뜻을 쓰시오.

(1) 鶴首苦待 (   )

(2) 孑孑單身 (   )

(3) 螢雪之功 (   )

(4) 浩然之氣 (   )

(5) 畫中之餅 (   )

(6) 兔死狗烹 (   )

4 다음 설명 중 맞는 것은?

① '豪言壯談'에서 '壯'의 음은 '상'이다.

② '他山之石'에서 '之'의 뜻은 '가다'이다.

③ '青出於藍'에서 '於'의 뜻은 '~에서'이다.

④ '泰然自若'에서 '若'은 '苦'를 잘못 쓴 것이다.

⑤ '破竹之勢'는 '온갖 어려운 고비를 다 겪으며 심하게 고생함.'이라는 뜻이다.

5 아래 글을 읽고 독자의 입장에서 ㉠을 비판하는 말로 가장 적절한 것을 고르시오.

> [전략 부분의 줄거리] 두(杜) 부인이 떠난 뒤, 사씨는 또다시 교씨의 흉계에 빠진다. 교씨는 울면서 사씨를 모함한다.
>
> 한림은 교씨를 위로하였다.
> "오늘은 이미 저물었네. 날이 밝으면 일가들을 모아 사당에 고한 후에 투부*를 내칠 것이네. 그리고 자네를 부인으로 삼을 것이야. 쓸데없이 슬퍼하지 말게. 꽃 같은 얼굴만 상하겠네."
> 교씨는 눈물을 거두며 대답했다.
> "그같이 조치하시다니⋯⋯. 이제 첩의 원한이 거의 풀렸습니다. 하지만 ㉠부인의 자리를 첩이 어찌 감당하겠습니까?"
> 한림은 즉시 일가들에게 통지하여 아침에 모두 사당 아래로 모이게 했다.
> * 투부: 질투심이 많은 여자. 사씨를 가리킨다.
>
> — 사씨남정기

① 表裏不同   ② 靑山流水   ③ 七顚八起

④ 豪言壯談   ⑤ 糊口之策

6 다음 설명에 해당하는 사자성어를 한자로 쓰시오.

(1) **겉뜻** 다른 산의 돌.

　속뜻 잘못된 남의 말이나 행동도 자신을 수양하는 데에 도움이 될 수 있음.

(2) **겉뜻** 탁자 위에서 나누는 헛된 의논.

　속뜻 현실성이 없는 허황한 이론이나 논의.

(3) **겉뜻** 처음 뜻을 하나로 꿰.

　속뜻 처음에 세운 뜻을 끝까지 밀고 나감.

정답

28-29pp.

1. (1) 만, 일만 (2) 성, 이루다
   (3) 기, 그릇 (4) 독, 홀로
2. (1) 苦 (2) 解 (3) 答 (4) 外 (5) 苦 (6) 死
3. (1) 달콤한 말과 이로운 말. (2) 허물을 고쳐 착하게 바꿈. (3) 바로 지금 처음으로 들음. (4) 혼자서 칼 한 자루를 들고 적진으로 곧장 쳐들어감. (5)마음을 수고롭게 하고 생각을 깊게 함. (6) 혼자서는 장군이 될 수 없음.
4. ②
5. (1) 군계일학 (2) 견물생심
6. (1) 輕擧妄動 (2) 刮目相對 (3) 氣高萬丈

54-55pp.

1. (1) 망, 잊다 (2) 물, 물건 (3) 통, 통하다
   (4) 초, 나라이름 (5) 배, 등 (6) 철, 거두다
2. (1) 默 (2) 亨 (3) 徒 (4) 傳 (5) 附 (6) 難
3. (1) 온갖 어려운 일을 많이 겪은 노련한 사람
   (2) 총이나 활 등을 쏠 때마다 겨눈 곳에 다 맞음. (3) 해당되는 모든 일마다, 매사에 (4) 의심할 여지가 없이 아주 뚜렷함. (5) 같은 현상이나 일이 한두 번이나 한둘이 아니고 많음. (6) 옳고 그름을 묻지 아니함.
4. ③
5. (1) 불철주야 (2) 동병상련
6. (1) 附和雷同 (2) 馬耳東風 (3) 燈火可親

80-81pp.

1. (1) 고, 돌아보다 (2) 전, 싸우다 (3) 진, 보배
   (4) 상, 뽕나무 (5) 미, 맛 (6) 안, 눈
2. (1) 終 (2) 送 (3) 新 (4) 男 (5) 來 (6) 非
3. (1) 모든 일은 반드시 바른길로 돌아감. (2) 서로서로 도움. (3) 사방으로 통하고 팔방으로 닿아 있음. (4) 착한 남자와 착한 여자 (5) 열 중 여덟아홉임. (6) 자기의 몸을 희생하여 인을 이룸.
4. ⑤
5. ②
6. (1) 眼下無人 (2) 我田引水 (3) 袖手傍觀 (4) 始終一貫

106-107pp.

1. (1) 상, 맛보다 (2) 어, 말씀 (3) 후, 뒤
   (4) 리, 배 (5) 오, 까마귀 (6) 리, 거리
2. ④
3. (1) 이름은 있으나 실속은 없음. (2) 매우 사랑하고 소중히 여김. (3) 처지를 바꾸어 생각함. (4) 겉으로는 부드럽고 안으로는 굳셈. (5) 같은 무리끼리 서로 좇아서 사귐. (6) 하늘이 돕고 신이 도움.
4. ⑤
5. (1) 약육강식 (2) 우후죽순
6. (1) 寤寐不忘 (2) 五里霧中 (3) 有備無患

132-133pp.

1. (1) 장, 마당 (2) 적, 도적 (3) 성, 정성 (4) 피, 저 (5) 재, 싣다 (6) 긍, 두려워하다
2. (1) 言 (2) 防 (3) 夢 (4) 血
6. (1) 一片丹心 (2) 一場春夢 (3) 至誠感天
   (4) 賊反荷杖

158-159pp.

1. (1) 미, 아름답다 (2) 태, 크다 (3) 리, 속
   (4) 등, 등불 (5) 미, 맛 (6) 안, 눈
2. (1) 환골탈태 (2) 화룡점정 (3) 흥진비래
   (4) 파죽지세 (5) 팔방미인 (6) 청출어람
3. (1) 학의 목처럼 목을 길게 빼고 간절히 기다림. (2) 의지할 곳이 없는 외로운 홀몸. (3) 반딧불이와 눈의 공 / 고생을 하면서 부지런하고 꾸준하게 공부하는 자세. (4) 넓고 큰 기운 / 하늘과 땅 사이에 가득 찬 넓고 큰 원기 (5) 그림 속의 떡 / 아무리 마음에 들어도 이용할 수 없거나 차지할 수 없음 (6) 토끼가 죽으면 개를 삶음 / 필요할 때는 쓰고 필요 없을 때는 야박하게 버림
4. ③
5. ①
6. (1) 他山之石 (2) 卓上空論 (3) 初志一貫

수능 국어에 출제된 사자성어(1995~2018)

가렴주구(苛斂誅求)	세금을 가혹하게 거두어들이고, 무리하게 재물을 빼앗음.
가인박명(佳人薄命)	미인은 불행하거나 병약하여 요절하는 일이 많음.
각골지통(刻骨之痛)	뼈를 깎는 아픔.
각골통한(刻骨痛恨)	뼈에 사무칠 만큼 원통하고 한스러움. 또는 그런 일.
간담상조(肝膽相照)	간과 쓸개를 서로 비추어 봄. 즉, 서로 속마음을 털어놓고 친하게 사귐.
감언이설(甘言利說)	달콤한 말과 이로운 말. 즉, 귀가 솔깃하도록 남의 비위를 맞추거나 이로운 조건을 내세워 꾀는 말.
감탄고토(甘呑苦吐)	달면 삼키고 쓰면 뱉음. 즉, 자신의 비위에 따라서 사리의 옳고 그름을 판단함.
갑론을박(甲論乙駁)	갑이 논하면 을이 논박함. 즉, 여러 사람이 서로 자신의 주장을 내세우며 상대편의 주장을 반박함.
개과천선(改過遷善)	허물을 고쳐 착하게 됨. 즉, 지난날의 잘못이나 허물을 고치어 올바르고 착하게 됨.
거안제미(擧案齊眉)	밥상을 눈썹과 가지런하도록 공손히 들어 남편 앞에 가지고 감. 즉, 남편을 깍듯이 공경함.
격세지감(隔世之感)	세월을 뛰어넘는 느낌이라는 뜻으로 오래지 않은 동안에 몰라보게 변하여 아주 다른 세상이 된 것 같은 느낌. 또는 딴 세대와 같이 많은 변화가 있음.
견강부회(牽強附會)	이치에 맞지 않는 말을 억지로 끌어 붙여 자기의 주장에 맞도록 함.
견문발검(見蚊拔劍)	모기를 보고 칼을 꺼냄. 즉, 사소한 일에 크게 성내어 덤빔.
결자해지(結者解之)	맺은 사람이 풀어야 함. 즉, 자기가 저지른 일은 자기가 해결하여야 함.
결초보은(結草報恩)	풀을 묶어 은혜를 갚음. 즉, 죽은 뒤에라도 은혜를 잊지 않고 갚음.
경거망동(輕擧妄動)	가벼운 거동과 망령된 행동. 경솔하여 생각 없이 망령되게 행동함.
고대광실(高臺廣室)	높은 누대와 넓은 집. 즉, 매우 크고 좋은 집.
고립무원(孤立無援)	홀로 서 있어 도와줄 사람이 없음. 즉, 고립되어 도움을 받을 데가 없음.
고식지계(姑息之計)	잠시 쉬기 위한 계략. 즉, 한때의 안정을 얻기 위하여 임시로 둘러맞추어 처리하거나 이리저리 주선하여 꾸며 내는 계책.
고진감래(苦盡甘來)	쓴 것이 다 하면 단 것이 옴. 즉, 고생 끝에 즐거움이 옴.
공평무사(公平無私)	어느 쪽에도 치우치지 않아 공평하고 사사로움이 없음.
과대망상(誇大妄想)	크게 과장하고 망령되이 생각함. 즉, 사실보다 과장하여 터무니없는 헛된 생각을 하는 증상.
괄목상대(刮目相對)	눈을 비비고 상대를 대함. 즉, 남의 학식이나 재주가 놀랄 만큼 부쩍 늚.

구밀복검(口蜜腹劍)	입에는 꿀이 있고 배 속에는 칼이 있음. 즉, 말로는 친한 듯하나 속으로는 해칠 생각이 있음.
구사일생(九死一生)	아홉 번 죽을 뻔하다 한 번 살아남. 즉, 죽을 고비를 여러 차례 넘기고 겨우 살아남.
구우일모(九牛一毛)	아홉 마리 소 가운데 하나의 털. 즉, 매우 많은 것 가운데 극히 적은 수.
권불십년(權不十年)	권세는 십 년을 가지 못함. 즉, 아무리 높은 권세라도 오래가지 못함.
근묵자흑(近墨者黑)	먹을 가까이 하는 사람은 검어짐. 즉, 나쁜 사람과 가까이 지내면 나쁜 버릇에 물들기 쉬움.
금과옥조(金科玉條)	금으로 만든 법과 옥으로 만든 조항. 금이나 옥처럼 귀중히 여기어 꼭 지켜야 할 법칙이나 규정.
금석맹약(金石盟約)	쇠와 돌같이 굳게 맹세하여 맺은 약속. 쇠나 돌처럼 굳고 변함없는 약속.
기고만장(氣高萬丈)	기운이 만장이나 뻗음. 즉, 일이 뜻대로 잘되어 우쭐하여 뽐내는 기세가 대단함.
기사회생(起死回生)	죽음에서 일어나 삶으로 돌아감. 즉, 거의 죽을 뻔하다가 도로 살아남.
기호지세(騎虎之勢)	호랑이에 올라탄 기세. 즉, 이미 시작한 일을 중도에서 그만둘 수 없는 경우.

ㄴ

내우외환(內憂外患)	내부에서 일어나는 근심과 외부로부터 받는 근심. 즉, 나라 안팎의 여러 가지 어려움.
노심초사(勞心焦思)	마음을 수고롭게 하고 생각을 애태움. 즉, 몹시 마음을 쓰며 애를 태움.
능소능대(能小能大)	큰일에도 능숙하고 작은 일에도 능숙함. 즉, 모든 일에 두루 능함.

ㄷ

다다익선(多多益善)	많으면 많을수록 더욱 좋음.
대경실색(大驚失色)	크게 놀라 얼굴빛을 잃음. 즉, 몹시 놀라 얼굴빛이 하얗게 질림.
독수공방(獨守空房)	홀로 빈 방을 지킴. 즉, 아내가 남편 없이 혼자 지냄.
독야청청(獨也靑靑)	홀로 푸르름. 즉, 남들이 모두 절개를 꺾는 상황 속에서도 홀로 절개를 굳세게 지키고 있음.
동가홍상(同價紅裳)	같은 값이면 다홍치마. 즉, 같은 조건이면 좋은 물건을 가짐.
동문서답(東問西答)	동쪽을 묻자 서쪽을 답함. 즉, 물음과는 전혀 상관없는 엉뚱한 대답.
동병상련(同病相憐)	같은 병을 앓는 사람끼리 서로 가엾게 여김. 즉, 어려운 처지에 있는 사람끼리 서로 가엾게 여김.
동분서주(東奔西走)	동쪽으로 뛰고 서쪽으로 뜀. 즉, 사방으로 이리저리 몹시 바쁘게 돌아다님.
동상이몽(同床異夢)	같은 침대에서 서로 다른 꿈을 꿈. 즉, 겉으로는 같이 행동하면서도 속으로는 각각 딴생각을 하고 있음.

두문불출(杜門不出) 　문을 닫고 나가지 않음. 즉, 집에서 은거하면서 관직에 나가지 아니하거나 사회의 일을 하지 아니함.

마이동풍(馬耳東風) 　말 귀에 봄바람. 즉, 남의 말을 귀담아듣지 아니하고 지나쳐 흘려버림.

막무가내(莫無可奈) 　어찌할 수 없음. 즉, 한번 정한대로 고집하여 도무지 융통성이 없음.

막역지우(莫逆之友) 　거스름이 없는 친구. 즉, 허물이 없이 아주 친한 친구.

만시지탄(晩時之歎) 　때늦은 한탄. 즉, 시기에 늦어 기회를 놓쳤음을 안타까워하는 탄식.

망양지탄(亡羊之歎) 　갈림길이 매우 많아 잃어버린 양을 찾을 길이 없음을 탄식함. 학문의 길이 여러 갈래여서 한 갈래의 진리도 얻기 어려움.

맥수지탄(麥秀之嘆) 　보리가 무성하게 자란 것을 탄식함. 즉, 고국의 멸망을 한탄함.

면종복배(面從腹背) 　대면한 상태에서는 복종하지만 속으로는 배반함.

멸사봉공(滅私奉公) 　사사로운 감정을 없애고 공공을 목적을 받듦. 즉, 사욕을 버리고 공익을 위하여 힘씀.

명약관화(明若觀火) 　밝기가 불을 보는 것 같음. 즉, 불을 보듯 분명하고 뻔함.

명재경각(命在頃刻) 　목숨이 경각에 달려 있음. 즉, 거의 죽게 되어 곧 숨이 끊어질 지경에 이름.

목불인견(目不忍見) 　눈으로 차마 볼 수 없음. 즉, 눈앞에 벌어진 상황 등을 눈 뜨고는 차마 볼 수 없음.

무위도식(無爲徒食) 　하는 일 없이 헛되이 먹기만 함. 하는 일 없이 놀고먹음.

물아일체(物我一體) 　사물과 내가 하나가 됨. 즉, 외물과 자아, 객관과 주관, 또는 물질계와 정신계가 어울려 하나가 됨.

반신반의(半信半疑) 　반은 믿고 반은 의심함. 얼마쯤 믿으면서도 한편으로는 의심함.

방약무인(傍若無人) 　곁에 사람이 없는 것과 같음. 즉, 주위 사람을 의식하지 않고 아무 거리낌 없이 함부로 말하고 행동하는 태도가 있음.

백년대계(百年大計) 　백 년의 큰 계획. 먼 앞날까지 미리 내다보고 세우는 크고 중요한 계획

백년하청(百年河淸) 　백 년을 기다린다 해도 황하의 흐린 물은 맑아지지 않음. 즉, 아무리 오랜 시일이 지나도 어떤 일이 이루어지기 어려움.

백중지세(伯仲之勢) 　맏이와 둘째의 형세. 즉, 서로 우열을 가리기 힘든 형세.

백척간두(百尺竿頭) 　백 자나 되는 장대 끝. 즉, 몹시 어렵고 위태로운 지경.

부화뇌동(附和雷同) 　우레 소리에 맞추어 함께 함. 즉, 줏대 없이 남의 의견에 따라 움직임.

분기탱천(憤氣撐天) 　분한 기운이 하늘을 버팀. 즉, 분한 마음이 하늘을 찌를 듯 격렬하게 북받쳐 오름.

비분강개(悲憤慷慨) 　슬프고 분하여 마음이 북받침. 즉, 슬프고 분한 느낌이 마음에 가득 차 있음.

비육지탄(髀肉之歎)	넓적다리 살이 오른 것을 한탄함. 즉, 재능을 발휘할 때를 얻지 못하여 헛되이 세월만 보내는 것을 한탄함.

사고무친(四顧無親)	사방을 돌아봐도 친한 이가 없음. 즉, 의지할 만한 사람이 아무도 없음.
사면초가(四面楚歌)	사방에서 들려오는 초나라 노래. 즉, 아무에게도 도움을 받지 못하는 외롭고 곤란한 지경에 빠진 형편.
사생결단(死生決斷)	죽고 사는 것을 돌보지 않고 끝장을 내려고 함.
사필귀정(事必歸正)	모든 일은 반드시 바른길로 돌아감.
살신성인(殺身成仁)	자기의 몸을 희생하여 인을 이룸.
삼고초려(三顧草廬)	세 번 초가집을 돌아봄. 즉, 인재를 맞아들이기 위하여 참을성 있게 노력함.
삼십육계(三十六計)	서른여섯 가지의 계책. 변하여 형편이 불리할 때는 달아나는 것이 서른여섯 가지의 계책 중 상책임.
상전벽해(桑田碧海)	뽕나무밭이 변하여 푸른 바다가 됨. 즉, 세상일의 변천이 심함.
새옹지마(塞翁之馬)	변방 늙은이의 말. 즉, 인생의 길흉화복은 변화가 많아서 예측하기가 어렵다는 말.
생사기로(生死岐路)	사느냐 죽느냐 하는 갈림길.
선견지명(先見之明)	앞을 보는 지혜. 즉, 어떤 일이 일어나기 전에 미리 앞을 내다보고 아는 지혜.
선공후사(先公後私)	공적인 일을 먼저 하고 사사로운 일은 뒤로 미룸.
설상가상(雪上加霜)	눈 위에 서리를 더함. 즉, 난처한 일이나 불행한 일이 잇따라 일어남.
설왕설래(說往說來)	말들이 오고 감. 즉, 서로 변론을 주고받으며 옥신각신함.
수간모옥(數間茅屋)	몇 칸 안 되는 작은 초가.
수구초심(首丘初心)	여우가 죽을 때 언덕을 향해 머리를 두고 초심으로 돌아감. 고향을 그리워하는 마음.
수불석권(手不釋卷)	손에서 책을 놓지 않음. 늘 글을 읽음.
수수방관(袖手傍觀)	소매에 손을 넣고 곁에서 보기만 함. 즉, 간섭하거나 거들지 아니하고 그대로 버려둠.
수주대토(守株待兔)	나무 그루터기를 지키며 토끼를 기다림. 즉, 한 가지 일에만 얽매여 발전을 모르는 어리석은 사람.
순망치한(脣亡齒寒)	입술이 없어지면 이가 시림. 즉, 서로 이해관계가 밀접한 사이에서 어느 한쪽이 망하면 다른 한쪽도 그 영향을 받아 온전하기 어려움.
시시비비(是是非非)	옳은 것은 옳다 하고 그른 것은 그르다고 함. 여러 가지의 잘잘못.
식자우환(識字憂患)	글자를 아는 것이 근심임. 즉, 학식이 있는 것이 오히려 근심을 사게 됨.
십벌지목(十伐之木)	열 번 찍어 베는 나무. 즉, 열 번 찍어 안 넘어가는 나무가 없음.

아전인수(我田引水)	자기 논에 물을 끌어옴. 즉, 자기에게만 이롭게 되도록 생각하거나 행동함.
안분지족(安分知足)	분수에 편안해 하고 만족함을 앎. 즉, 편안한 마음으로 제 분수를 지키며 만족할 줄을 앎.
안빈낙도(安貧樂道)	가난함을 편안히 여기고 도를 즐거워 함. 즉, 가난한 생활을 하면서도 편안한 마음으로 도를 즐겨 지킴.
안하무인(眼下無人)	눈 아래에 사람이 없음. 즉, 방자하고 교만하여 다른 사람을 업신여김.
암중모색(暗中摸索)	어둠 속에서 손을 더듬어 찾음. 즉, 어림으로 무엇을 알아내거나 찾아내려 함.
양자택일(兩者擇一)	둘 중에서 하나를 선택함.
어불성설(語不成說)	말이 말을 이루지 못함. 즉, 말이 조금도 사리에 맞지 않음.
연목구어(緣木求魚)	나무에 올라 물고기를 구함. 즉, 도저히 불가능한 일을 굳이 하려 함.
오리무중(五里霧中)	오 리나 되는 짙은 안개 속. 즉, 무슨 일에 대하여 방향이나 갈피를 잡을 수 없음.
오매불망(寤寐不忘)	자나 깨나 잊지 못함. 즉, 결코 잊지 않는 모습.
오불관언(吾不關焉)	나는 관여하지 않음. 즉, 어떤 일에 상관하지 않고 모른 체함.
오월동주(吳越同舟)	오나라 사람과 월나라 사람이 같은 배를 탐. 즉, 서로 적의를 품은 사람들이 한자리에 있게 된 경우나 서로 협력하여야 하는 상황.
온고지신(溫故知新)	옛것을 익히고 새것을 앎.
와신상담(臥薪嘗膽)	섶에 눕고 쓸개를 맛봄. 즉, 원수를 갚거나 마음먹은 일을 이루기 위하여 온갖 어려움과 괴로움을 참고 견딤.
요지부동(搖之不動)	흔들어도 움직이지 않음.
우공이산(愚公移山)	우공이 산을 옮김. 즉, 어떤 일이든 끊임없이 노력하면 반드시 이루어짐.
우후죽순(雨後竹筍)	비가 온 뒤의 죽순. 즉, 어떤 일이 한때에 많이 생겨남.
유구무언(有口無言)	입은 있으나 말이 없음. 즉, 변명할 말이 없거나 변명을 못함.
유유상종(類類相從)	같은 무리끼리 서로 좇음. 즉, 같은 무리끼리 서로 사귐.
유일무이(唯一無二)	오직 하나뿐이고 둘이 없음.
이구동성(異口同聲)	입은 다르지만 소리는 같음. 즉, 여러 사람의 말이 한결같음.
이란투석(以卵投石)	달걀로 돌을 침. 즉, 약한 것으로 강한 것에 대항하려는 어리석음.
이실직고(以實直告)	사실 그대로 알림.
이심전심(以心傳心)	마음으로서 마음을 전함.
이열치열(以熱治熱)	열로써 열을 다스림.
이왕지사(已往之事)	이미 지나간 일.
일거양득(一擧兩得)	한 가지의 일을 하여 두 가지 이익을 얻음.

일구이언(一口二言) 한 입으로 두 말을 함. 즉, 한 가지 일에 대하여 말을 이랬다저랬다 함.

일벌백계(一罰百戒) 한 사람을 벌주어 백 사람을 경계함. 즉, 다른 사람들에게 경각심을 불러일으키기 위하여 본보기로 한 사람에게 엄한 처벌을 함.

일장춘몽(一場春夢) 한바탕의 봄꿈. 즉, 헛된 영화나 덧없는 일.

일진일퇴(一進一退) 한 번 앞으로 나아갔다 한 번 뒤로 물러섬.

일촉즉발(一觸卽發) 한 번 닿기만 하여도 곧 폭발함. 즉, 조그마한 일로도 원인이 되어 크게 벌어질 수 있는 아주 위급하고 절박함.

일편단심(一片丹心) 한 조각의 붉은 마음. 즉, 진심에서 우러나오는 변치 아니하는 마음.

임기응변(臨機應變) 그때그때의 처한 사태에 맞추어 즉각 그 자리에서 결정하거나 처리함.

ㅈ

자가당착(自家撞着) 자기 스스로 부딪치기도 하고 붙기도 함. 즉, 같은 사람의 말이나 행동이 앞뒤가 서로 맞지 아니하고 모순됨.

자강불식(自強不息) 스스로 힘을 쓰고 쉬지 않음. 즉, 몸과 마음을 가다듬어 쉬지 아니함.

자격지심(自激之心) 스스로 부딪치는 마음. 즉, 자기가 한 일에 대하여 스스로 미흡하게 여기는 마음.

자승자박(自繩自縛) 자기의 줄로 자기를 묶음. 즉, 자기가 한 말과 행동에 자기 자신이 옭혀 곤란하게 됨.

자업자득(自業自得) 자신의 업을 자신이 받음. 즉, 자기가 저지른 일의 결과를 자기가 받음.

자중지란(自中之亂) 같은 편 안에서 일어나는 혼란이나 난리.

자포자기(自暴自棄) 스스로 포기하고 스스로 버림. 즉, 절망에 빠져 자기 자신을 스스로 포기하고 돌아보지 아니함.

자화자찬(自畵自讚) 자기가 그린 그림을 자기가 칭찬함. 즉, 자기가 한 일을 스스로 자랑함.

장유유서(長幼有序) 어른과 어린이 사이에는 질서가 있음.

적반하장(賊反荷杖) 도둑이 도리어 매를 듦. 즉, 잘못한 사람이 아무 잘못도 없는 사람을 나무람.

적수공권(赤手空拳) 맨손과 빈주먹. 즉, 아무것도 가진 것이 없음.

전인미답(前人未踏) 이전 사람이 아직 밟지 않음. 즉, 이제까지 누구도 가 보거나 손을 대어 본 일이 없음.

전전긍긍(戰戰兢兢) 겁을 먹어 벌벌 떨고 두려워하며 몸을 움츠림. 즉, 몹시 두려워서 벌벌 떨며 조심함.

전전반측(輾轉反側) 누워서 몸을 이리저리 뒤척임. 즉, 근심과 걱정으로 잠을 이루지 못함.

전화위복(轉禍爲福) 재앙이 바뀌어 복이 됨.

절차탁마(切磋琢磨) 칼로 다듬고 줄로 쓸며 망치로 쪼고 숫돌로 감. 즉, 부지런히 학문과 덕행을 닦음.

절치부심(切齒腐心) 이를 갈고 마음을 썩임. 즉, 몹시 분하여 이를 갈며 속을 썩임.

점입가경(漸入佳境) 점점 들어갈수록 아름다운 경치. 즉, 시간이 지날수록 점점 재미가 있거나 혹은 하는 짓이나 몰골이 더욱 꼴불견임.

조변석개(朝變夕改)	아침에 변하고 저녁에 고침. 즉, 계획이나 결정 등을 일관성 없이 자주 고침.
조삼모사(朝三暮四)	아침에 세 개, 저녁에 네 개. 즉, 간사한 꾀로 남을 속여 희롱함.
좌고우면(左顧右眄)	왼쪽을 돌아보고 오른쪽을 곁눈질함. 즉, 결정을 내리지 못하고 앞뒤를 재고 망설임.
좌불안석(坐不安席)	앉아도 편안한 자리가 아님. 즉, 마음이 불안하거나 걱정스러워서 한군데에 가만히 앉아 있지 못하고 안절부절못함.
중구난방(衆口難防)	여러 사람의 입은 막기 어려움. 즉, 막기 어려울 정도로 여럿이 마구 지껄임.
중언부언(重言復言)	거듭 이야기하고 다시 이야기함. 즉, 이미 한 말을 자꾸 되풀이함.
지기지우(知己之友)	나를 알아주는 친구. 즉, 자기의 속마음을 참되게 알아주는 친구.
지인지감(知人之鑑)	사람을 잘 알아보는 안목, 능력.
진퇴양난(進退兩難)	나아가고 물러가는 것이 둘 다 어려움. 즉, 이러지도 저러지도 못하는 어려운 처지.
진퇴유곡(進退維谷)	나아가도 물러나도 오직 골짜기뿐임. 즉, 이러지도 저러지도 못하고 꼼짝할 수 없는 궁지.

ㅊ

천려일실(千慮一失)	천 번의 생각에 한 번의 실수. 즉, 슬기로운 사람이라도 여러 가지 생각 가운데에는 잘못되는 것이 있을 수 있음.
천신만고(千辛萬苦)	천 가지 매운 것과 만 가지 쓴 것. 즉, 온갖 어려운 고비를 다 겪으며 심하게 고생함.
천양지차(天壤之差)	하늘과 땅의 차이. 즉, 엄청난 차이.
천우신조(天佑神助)	하늘이 돕고 신이 도움. 즉, 도저히 이루어질 수 없다고 여긴 일이 이루어지거나, 힘든 상황에서 극적으로 벗어남.
천재일우(千載一遇)	천 년 동안 단 한 번 만남. 즉, 좀처럼 얻기 어려운 좋은 기회.
천촌만락(千村萬落)	수없이 많은 시골 마을.
청천벽력(青天霹靂)	맑은 하늘에서 치는 벼락. 즉, 뜻밖에 일어난 큰 변고나 사건.
청출어람(青出於藍)	푸른색은 쪽에서 나옴. 푸른색은 쪽에서 나오지만 쪽빛보다 푸르다. 즉, 제자나 후배가 스승이나 선배보다 나음.
초록동색(草綠同色)	풀빛과 녹색은 같은 빛깔. 같은 처지의 사람과 어울림.
침소봉대(針小棒大)	바늘 만한 작은 것을 몽둥이처럼 크다고 함. 즉, 작은 일을 크게 불리어 떠벌림.

ㅌ

타산지석(他山之石)	다른 산의 돌. 즉, 본이 되지 않은 남의 말이나 행동도 자신의 지식과 인격을 수양하는 데에 도움이 될 수 있음.
탁상공론(卓上空論)	탁자 위에서 나누는 쓸데없는 의논. 즉, 현실성이 없는 허황된 이론이나 논의.
토사구팽(兔死狗烹)	토끼가 죽으면 개를 삶음. 즉, 필요할 때는 쓰고 필요 없을 때는 야박하게 버림.

ㅍ

표리부동(表裏不同)	겉과 안이 같지 않음. 즉, 겉으로 드러나는 언행과 속으로 가지는 생각이 다름.
풍비박산(風飛雹散)	바람에 날리고 우박처럼 흩어짐. 즉, 엉망으로 깨어져 사방으로 흩어짐.
풍수지탄(風樹之嘆)	바람과 나무의 탄식. 효도를 다하지 못한 채 어버이를 여읜 자식의 슬픔.
풍월주인(風月主人)	바람과 달의 주인. 즉, 맑은 바람과 밝은 달 등의 자연을 즐기는 사람.
풍찬노숙(風餐露宿)	바람에 불려서 먹고, 밖에서 이슬을 맞으며 잠을 잠. 즉, 객지에서 많은 고생을 겪음.

ㅎ

함구무언(緘口無言)	입을 봉하고 말이 없음. 입을 다물고 아무 말도 하지 아니함.
허장성세(虛張聲勢)	헛되이 목소리의 기세만 높임. 즉, 실속은 없으면서 허세를 부림.
혈혈단신(孑孑單身)	의지할 곳이 없는 외롭고 고독한 사람.
형우제공(兄友弟恭)	형은 우애 있고 아우는 공손함. 즉, 형제끼리 우애가 깊음.
호가호위(狐假虎威)	여우가 호랑이의 위세를 빌림. 즉, 남의 권세를 빌려 위세를 부림.
호구지책(糊口之策)	입에 풀칠할 계책. 즉, 가난한 살림에서 그저 겨우 먹고 살아가는 방책.
혼비백산(魂飛魄散)	혼이 날아가고 백이 흩어짐. 즉, 몹시 놀라 넋을 잃음.
화룡점정(畫龍點睛)	용을 그리고 눈동자를 찍음. 즉, 무슨 일을 하는 데에 가장 중요한 부분을 완성함.
환골탈태(換骨奪胎)	뼈를 바꾸고 태를 벗음. 즉, 사람이 더 나은 방향으로 변하여 전혀 딴사람처럼 됨.
회자정리(會者定離)	만난 자는 반드시 헤어짐. 즉, 모든 것이 무상함.
횡설수설(橫說竪說)	가로로 말했다 세로로 말함. 즉, 조리가 없이 말을 이러쿵저러쿵 지껄임.
후생가외(後生可畏)	뒤에 난 사람은 두려워할 만함. 즉, 후진들이 선배들보다 젊고 기력이 좋아, 학문을 닦음에 따라 큰 인물이 될 수 있으므로 가히 두려움.
후안무치(厚顔無恥)	얼굴이 두터워 부끄러움이 없음. 즉, 뻔뻔스러워 부끄러움이 없음.
후회막급(後悔莫及)	뒤에 후회하여도 미칠 수 없음. 즉, 이미 잘못된 뒤에 아무리 후회하여도 다시 어찌할 수가 없음.
흥진비래(興盡悲來)	즐거운 일이 지나가면 슬픈 일이 닥쳐옴. 즉, 세상일은 순환되는 것임.